Informatik im Fokus

T0255788

Herausgeber:
Prof. Dr. O. Günther
Prof. Dr. W. Karl
Prof. Dr. R. Lienhart
Prof. Dr. K. Zeppenfeld

Informatik im Fokus

Weitere Titel der Reihe Informatik im Fokus:
http://www.springer.com/series/7871

Thomas Epping

Kanban für die Softwareentwicklung

 Springer

Dr. Thomas Epping
Cologne Intelligence GmbH
Rolshover Straße 45
51105 Köln
Deutschland
thomas.epping@co-in.de

ISSN 1865-4452   e-ISSN 1865-4460
ISBN 978-3-642-22594-9   e-ISBN 978-3-642-22595-6
DOI 10.1007/978-3-642-22595-6
Springer Heidelberg Dordrecht London New York

Die Deutsche Nationalbibliothek verzeichnet diese Publikation in der Deutschen
Nationalbibliografie; detaillierte bibliografische Daten sind im Internet über
http://dnb.d-nb.de abrufbar.

Einbandentwurf: KünkelLopka GmbH, Heidelberg

Gedruckt auf säurefreiem Papier

Springer ist Teil der Fachverlagsgruppe Springer Science+Business Media
(www.springer.com)

So if I'm inside your head
Don't believe what you might have read
You'll see what I might have said
To hear it

Come waste your time with me
Come waste your time with me

— Phish: "Waste" (Billy Breathes, 1996)

Vorwort

Nicht immer hält der zweite Blick, was der erste versprochen hat.

Kanban kann Ihnen dabei helfen, den ersten und zweiten Blick auf Ihr Softwareentwicklungsprojekt in Einklang zu bringen. Es kann Ihnen dabei helfen, Ordnung in Ihr Softwareentwicklungsprojekt zu bringen.

Dies ist nicht gleichbedeutend damit, Ihr Softwareentwicklungsprojekt in Ordnung zu bringen -- dafür sind Sie verantwortlich. Dieses Buch jedoch hat sein Ziel erreicht, wenn es Ihnen einen Weg zu Strukturen aufzeigt, aus denen heraus Sie die dazu nötige Kreativität entfalten können.

Köln,
Mai 2011
Thomas Epping

Danksagung

Ich danke

den Menschen in meinem Arbeitsumfeld für viele gemeinsame Erfahrungen mit Kanban;

der Geschäftsführung der Firma *Cologne Intelligence GmbH* für das Vertrauen in meine Arbeit mit Kanban;

dem Springer-Verlag für die Freiheit bei der Gestaltung dieses Buchs sowie

den Persönlichkeiten auf dem Gebiet der agilen und schlanken Softwareentwicklung für ihre Erlaubnis, Ergebnisse ihrer Arbeit in diesem Buch zu verwenden.

Besonders danke ich

Peter Krämer dafür, nicht zu glauben, was er gelesen hat und
Saskia Kersten dafür, Zeit und Liebe mit mir zu verschwenden.

Inhaltsverzeichnis

Akronyme

Kapitel 1
Über dieses Buch

1.1 Einleitung

Dieses Buch behandelt das Vorgehensmodell Kanban und
seinen Einsatz in Softwareentwicklungsprojekten.

Kanban ist ein Vorgehensmodell der schlanken Softwareentwicklung (*Lean*[1] *Software Development*). Erstmals der
Öffentlichkeit vorgestellt wurde Kanban im Jahre 2007 von
David J. Anderson, der seitdem als der Vater von Kanban für die Softwareentwicklung gilt (siehe [1]). Bei Kanban handelt es sich also zum Entstehungszeitpunkt dieses
Buches um ein noch junges Vorgehensmodell, über dessen
erfolgreichen Einsatz es eine beständig wachsende Anzahl
von Berichten gibt.

Dieses Buch kann die Atmosphäre, die durch den Einsatz von Kanban in einem Softwareentwicklungsprojekt

---

[1] In diesem Buch wird das englische Wort *lean* durchgängig mit
schlank übersetzt.

T. Epping, *Kanban für die Softwareentwicklung*,
Informatik im Fokus, DOI 10.1007/978-3-642-22595-6_1,
© Springer-Verlag Berlin Heidelberg 2011

entsteht, nur andeutungsweise vermitteln. Diese Atmosphäre ist projektindividuell und von einer Vielzahl von Faktoren, allen voran den beteiligten Personen, abhängig. Nutzen Sie dieses Buch, um gemeinsam mit Ihrem Team Ihre ganz eigene Variation von Kanban zu gestalten!

Die Abbildungen 1.1–1.4 geben jedoch einen ersten Eindruck davon, wie der Einsatz von Kanban in seinen Grundzügen aussieht. Diese vier Abbildungen bilden zusammen einen Comic von Henrik Kniberg, der unter dem Titel *Ein Tag in Kanban-Land* bekannt geworden ist (siehe [2]). Der Comic illustriert die vier Elemente, die Kanban als Vorgehensmodell charakterisieren.

- Arbeit wird genommen, nicht gegeben.
- Mengen werden limitiert.
- Informationen werden veröffentlicht.
- Arbeitsabläufe werden kontinuierlich verbessert.

Der folgende Abschnitt 1.2 beschreibt zunächst die Zielgruppe für dieses Buch, bevor Abschnitt 1.3 seinen Aufbau erläutert. Abschnitt 1.4 schließlich enthält einen wichtigen Gebrauchshinweis, der für alle folgenden Kapitel gilt.

1.2 Zielgruppe

Dieses Buch richtet sich an alle Personen, die sich über den Einsatz von Kanban in einem Softwareentwicklungsprojekt informieren wollen. Dabei ist es nicht auf Personen in einer bestimmten Rolle beschränkt. Es kann darüber hinaus (durch seinen praktischen Anteil) unerfahrenen Anwendern bei der Entscheidung helfen, Kanban in einem Softwareentwicklungsprojekt einzuführen und (durch seinen

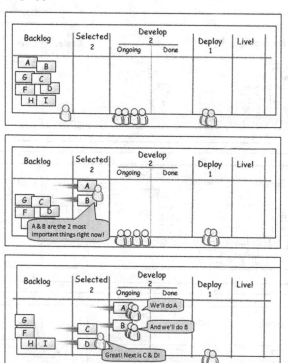

Abb. 1.1 Ein Tag in Kanban-Land, Teil 1: Alle relevanten Phasen der Wertschöpfungskette in einem Softwareentwicklungsprojekt sind (von links nach rechts) visualisiert. Für jede Phase ist ein oberes Limit für die Anzahl von Aufgaben gesetzt, die sich gleichzeitig in dieser Phase befinden dürfen. Aufgaben werden aus einem Vorrat ausgewählt und für den Durchlauf der Wertschöpfungskette zur Verfügung gestellt. Selbstorganisiert und eigenverantwortlich werden die zur Verfügung gestellten Aufgaben angenommen. Die Limitierung der Anzahl von Aufgaben für jede Phase wird dabei beachtet. Ein in seiner Breite limitierter Fluss von Aufgaben durch die Phasen der Wertschöpfungskette entsteht.

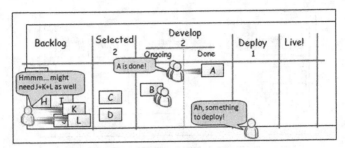

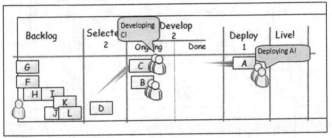

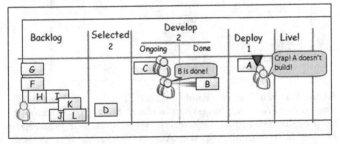

Abb. 1.2 Ein Tag in Kanban-Land, Teil 2: Die erste Aufgabe erreicht die letzte Phase der Wertschöpfungskette. Wann immer eine Aufgabe eine Phase verlässt, entsteht Platz für eine neue Aufgabe. Die an einer Phase beteiligten Personen entscheiden selbstorganisiert und eigenverantwortlich darüber, wann und durch welche der verfügbaren Aufgaben dieser Platz neu besetzt wird. In der letzten Phase der Wertschöpfungskette kommt es nun zu einer Störung im Aufgabenfluss.

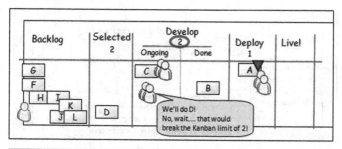

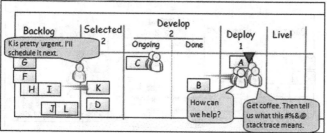

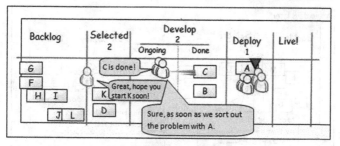

Abb. 1.3 Ein Tag in Kanban-Land, Teil 3: Die Störung im Aufgabenfluss wirkt sich auf vorhergehende Phasen der Wertschöpfungskette aus. Die Limitierung der Anzahl von Aufgaben in jeder Phase provoziert einen Rückstau von Aufgaben. Dieser Rückstau geht von der Phase aus, in der die Störung aufgetreten ist. Personen, die dadurch ihre Arbeit nicht fortsetzen können, bieten ihre Hilfe bei der Beseitigung der Störung an.

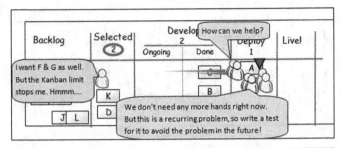

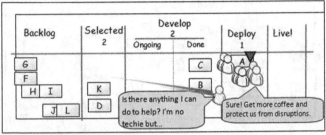

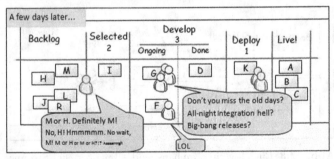

Abb. 1.4 Ein Tag in Kanban-Land, Teil 4: Die Störung im Aufgabenfluss bewirkt, dass der gesamte Aufgabenfluss zum Stillstand kommt. Alle Personen helfen dabei, die Störung zu beseitigen. Zusätzlich ergreifen sie Maßnahmen, die diese Störung in Zukunft verhindern sollen. Nach Beseitigung der Störung stellt sich wieder ein Aufgabenfluss ein. Die Verteilung von Personen auf Phasen sowie die Limitierung der Anzahl von Aufgaben für jede Phase wurden als Konsequenz aus der Störung angepasst.

theoretischen Anteil) erfahrenen Anwendern von Kanban eine neue Sicht auf dieses Vorgehensmodell eröffnen.

Aufgrund dieses Anspruchs beinhaltet dieses Buch zwar eine in sich geschlossene, aber keine vollständige Übersicht über Kanban in der Softwareentwicklung. Es richtet sich nicht an Personen, die sich für umfassende theoretische Grundlagen (dies sind neben Grundlagen auf dem Gebiet der Softwareentwicklung etwa auch Grundlagen auf dem Gebiet der Psychologie oder des Risikomanagements) von Kanban interessieren.

Auf einigen Gebieten außerhalb der Softwareentwicklung ist Kanban teilweise ein seit Jahrzehnten etablierter Begriff. Dieses Buch beschränkt sich (abgesehen von einem Exkurs in Abschnitt 3.4.1) auf die Beschreibung von Kanban in der Softwareentwicklung.

1.3 Aufbau

Dieses Buch beantwortet in den folgenden sechs Kapiteln abstrakte, allgemeine und konkrete Fragen rund um Kanban. Jedes Kapitel beginnt mit einer kurzen Einleitung und endet mit Hinweisen auf weiterführende Literatur.

Was ist ein Vorgehensmodell? Kapitel 2 definiert zunächst die Begriffe *Wert, Element, Technik* und *Vorgehensmodell*. Dies geschieht unabhängig von Kanban; diese Begriffe sind jedoch zentral auch für die folgenden Kapitel und werden in ihnen immer wieder aufgegriffen.

Auf welchen Werten basiert Kanban? Kapitel 3 erläutert die Grundlagen von Kanban (diese haben ihren Ursprung nicht in der Softwareentwicklung, sondern in der

Automobilindustrie). Aus diesen Grundlagen resultiert ein System von Werten für Kanban in der Softwareentwicklung. Zur Illustration wird es mit einem anderen Wertsystem, dem Wertsystem der agilen Softwareentwicklung, verglichen.

Welche Elemente charakterisieren Kanban? Kapitel 4 erklärt die vier charakteristischen Elemente von Kanban ausführlich. Anhand dieser Elemente wird Kanban sowohl in das Wertsystem der agilen Softwareentwicklung als auch in das Wertsystem der schlanken Softwareentwicklung eingeordnet.

Was für Ansprüche stellt Kanban an typische Phasen und Rollen der Softwareentwicklung? Kapitel 5 beschreibt Kanban aus dem Blickwinkel typischer Phasen und Rollen in einem Softwareentwicklungsprojekt: Requirements Engineering, Entwicklung, Qualitätssicherung und Projektmanagement sowie ergänzend dazu aus der Sicht eines Auftraggebers.

Welche Techniken eignen sich für den Einsatz mit Kanban? Kapitel 6 nennt für jede Phase und Rolle Beispiele von Techniken, die für den Einsatz von Kanban in einem Softwareentwicklungsprojekt geeignet sind. Diese Beispiele werden durch Erfahrungsberichte aus einem realen Softwareentwicklungsprojekt illustriert.

Wie wird Kanban eingeführt? Kapitel 7 behandelt abschließend die Einführung von Kanban in einem Softwareentwicklungsprojekt. Kanban ist in diesem Fall Change Management.

Dieses Buch enthält eine Vielzahl von Beispielen. Jedes Beispiel wird in einem abgesetzten und unterlegten Textkasten gezeigt.

Exemplarisch betrachtet dieses Buch die folgenden Phasen der Softwareentwicklung.

1. Requirements Engineering
2. Entwicklung
3. Qualitätssicherung

Diese Phasen bilden (in dieser Reihenfolge) die Wertschöpfungskette für ein Softwareentwicklungsprojekt aus der Sicht eines Auftragnehmers. Der Begriff *Software-entwicklung* ist dabei allgemein zu verstehen und umfasst Neuentwicklung, Weiterentwicklung oder auch Wartung einer Anwendung.

Ebenfalls exemplarisch betrachtet werden die folgenden Rollen des Auftragnehmers, die an den Phasen der Wertschöpfungskette beteiligt sind.

- Requirements Engineering
- Entwicklung
- Qualitätssicherung
- Projektmanagement

Drei dieser Rollen korrespondieren (auch in ihrer Bezeichnung) mit jeweils einer Phase der Wertschöpfungskette (im Allgemeinen können jedoch mehrere Rollen an einer Phase beteiligt sein). Die Personen, auf die sich diese Rollen verteilen, bilden das Team des Auftragnehmers und werden in diesem Buch kurz als *Team* bezeichnet. Das Team

arbeitet für einen Auftraggeber, dem in diesem Buch auch
die Rolle des Anwenders zugeschrieben wird.

Englische Begriffe und Textpassagen werden in diesem
Buch gleichberechtigt zu deutschen verwendet, da zum
einen ein Großteil sowohl der Literatur zu Kanban als
auch der weiterführenden Literatur englischsprachig ist,
zum anderen jede Übersetzung oder Paraphrasierung eine
Bedeutungsänderung beinhalten kann.

1.4 Gebrauchshinweis

Jedes Softwareentwicklungsprojekt hat projektindividuelle Rahmenbedingungen. Während grundlegende Werte
und Elemente von Kanban übergreifend über Projekte
beständig sind, wird sich Kanban jedoch von Projekt zu
Projekt in verschiedenen Techniken manifestieren.

Es ist wichtig, diese Freiheit einer projektindividuellen
Ausprägung von Kanban als Chance zu begreifen und auch
als solche wahrzunehmen. Zur Orientierung mag ein Zitat
von David J. Anderson dienen (siehe [1]).

> Kanban is giving people permission to think for themsel-
> ves. It is giving people permission to be different: different
> from the team across the floor, on the next floor, in the
> next building, and at a neighboring firm. It is giving people
> permission to deviate from the textbook.

Auch die Auswahl von Themen und Inhalten in diesem
Buch ist offensichtlich subjektiv; sie basiert auf theore-
tischer und praktischer Beschäftigung mit Kanban in einem
konkreten Softwareentwicklungprojekt. Jede Leserin und
jeder Leser ist dazu angehalten, selbst darüber zu entscheiden, welche Themen und Inhalte sich auf ihre oder

seine ganz persönlichen Rahmenbedingungen übertragen
oder anwenden lassen.

1.5 Literaturhinweise

David J. Anderson beschreibt in [1] ausführlich die Erfahrungen aus seiner Arbeit mit Kanban. Er geht dabei auch
auf theoretische Grundlagen ein und beleuchtet Kanban
aus einer Vielzahl von Blickwinkeln. Sein Buch unterscheidet sich von dem vorliegenden dadurch, dass bei David J.
Anderson ein Bezug zu einem Wertsystem von Kanban und
konkrete Techniken für typische Phasen der Softwareentwicklung weniger im Vordergrund stehen.

Literaturverzeichnis

1. Anderson, D. J.: Kanban – Successful Evolutionary Change
   for Your Technology Business. Blue Hole Press (2010)
2. Kniberg, H.: One day in Kanban land. (2009)
   http://blog.crisp.se/henrikkniberg/2009/06/26/
   1246053060000.html. Stand 11.03.2011

Kapitel 2
Begriffsklärungen

2.1 Einleitung

Dieses vorbereitende Kapitel definiert die Begriffe *Wert*,
Element, *Technik* und *Vorgehensmodell*. Bei ihnen handelt
es sich um zentrale Begriffe, die in den folgenden Kapiteln
immer wieder aufgegriffen werden. Ihre Definitionen bauen
insofern aufeinander auf, als dass zunächst der abstrakte
Wert (siehe Abschnitt 2.2), unter dessen Verwendung das
allgemeine Element (siehe Abschnitt 2.3) und damit wiederum die konkrete Technik (siehe Abschnitt 2.4) definiert
wird. Abbildung 2.1 zeigt die Begriffe zusammen mit ihrer
Visualisierung.

Unter Verwendung dieser drei Begriffe wird schließlich
der Begriff *Vorgehensmodell* (siehe Abschnitt 2.5) definiert.

Alle Begriffe in diesem Kapitel sind unabhängig von
Kanban definiert. Den Bezug zu Kanban stellt Kapitel 3
her.

T. Epping, *Kanban für die Softwareentwicklung*,
Informatik im Fokus, DOI 10.1007/978-3-642-22595-6_2,
© Springer-Verlag Berlin Heidelberg 2011

Wert   Element   Technik

Abb. 2.1 Der Begriff *Wert* beschreibt einen abstrakten, der Begriff *Element* einen allgemeinen und der Begriff *Technik* einen konkreten Inhalt.

Beachten Sie, dass alle Definitionen persönliche Definitionen des Autors sind. In anderer Literatur können die Begriffe *Wert*, *Element*, *Technik* und *Vorgehensmodell* mit anderen Bedeutungen verwendet werden.

2.2 Wert

Ein Wert ist ein abstraktes Ziel, das mit einem nicht verhandelbaren Nutzen verbunden ist.

Akzeptiert eine Person einen Wert, so erkennt diese Person den Nutzen des Werts kompromisslos an. Erkennt umgekehrt eine Person den Nutzen eines Werts nicht kompromisslos an, so akzeptiert diese Person den Wert nicht.

Artikel 5, Absatz 1 aus dem Grundgesetz für die Bundesrepublik Deutschland (siehe [1]) formuliert den Wert der Meinungsfreiheit. Die Verfasser des Grundgesetzes haben den Wert *Meinungsfreiheit* akzeptiert und damit seinen Nutzen kompromisslos anerkannt.

(1) Jeder hat das Recht, seine Meinung in Wort, Schrift und Bild frei zu äußern und zu verbreiten und sich aus allgemein zugänglichen Quellen ungehindert zu unterrichten. Die Pressefreiheit und die Freiheit der Berichterstattung durch Rundfunk und Film werden gewährleistet. Eine Zensur findet nicht statt.

Kapitel 3 formuliert den Wert *Empower the Team* (siehe Abschnitt 3.5.2) für die schlanke Softwareentwicklung. Die Person in der Rolle des Projektmanagements (aber auch jede andere Person im Team) kann entscheiden, ob sie den Wert *Empower the Team* akzeptiert und damit ihren Nutzen anerkennt oder nicht. Dies ist eine Entscheidung zwischen einer eher kooperativen oder einer eher autoritären Zusammenarbeit.

Ein Wert hat also einen fundamentalen Charakter. Dies macht es Personen schwierig, Werte als Grundlage für ein Projekt zur Softwareentwicklung zu akzeptieren, die sie außerhalb dieses Projekts (etwa im Privatleben) nicht akzeptieren. Umgekehrt ist ein Softwareentwicklungsprojekt authentischer und ermöglicht dem Team eine leichtere Identifizierung, wenn es auf Werten beruht, die vom Team akzeptiert werden.

In Kapitel 3 werden sowohl die abstrakten Werte der agilen als auch die abstrakten Werte der schlanken Softwareentwicklung vorgestellt. Kanban beruht auf den Werten der schlanken Softwareentwicklung.

2.3 Element

Ein Element ist ein allgemeines Vorgehen, das durch einen abstrakten Wert motiviert ist und den Nutzen des Werts (oder kurz: den Wert) realisieren soll.

Ein Wert kann durch mehrere, verschiedene Elemente realisiert werden; umgekehrt kann ein Element mehrere, verschiedene Werte realisieren.

Der Wert *Meinungsfreiheit* im Beispiel aus Abschnitt 2.2 kann etwa durch die Elemente

- Wort,
- Schrift oder
- Bild

realisiert werden.

Der Wert *Empower the Team* der schlanken Softwareentwicklung wird in Kanban durch das Element *Transparente Information* (siehe Abschnitt 4.2.3) realisiert – eine kooperative Zusammenarbeit wird durch transparente Information ermöglicht.

In Kapitel 4 werden die vier allgemeinen Elemente von Kanban vorgestellt, die die abstrakten Werte der schlanken Softwareentwicklung realisieren.

2.4 Technik

Eine Technik ist eine konkrete Umsetzung eines allgemeinen Elements.

Ein Element kann durch mehrere, verschiedene Techniken umgesetzt werden; umgekehrt kann eine Technik mehrere, verschiedene Elemente umsetzen.

Das Element *Schrift* im Beispiel aus Abschnitt 2.3 kann etwa durch die Techniken

• Leserbrief,
• Blog oder
• Buch

umgesetzt werden.

Das Element *Transparente Information* von Kanban kann etwa durch die Technik *Kanban-Board* (siehe Abschnitt 6.7.1) umgesetzt werden – Information wird auf einem Kanban-Board visualisiert.

Jeder Technik liegt mindestens ein Element und damit mindestens ein Wert zugrunde. Im Gegensatz zu einem Wert ist eine Technik jedoch verhandelbar. In einem Softwareentwicklungsprojekt können daher Techniken gemäß der projektindividuellen Rahmenbedingungen ausgewählt werden, um die dahinter liegenden Elemente umzusetzen und die wiederum dahinter liegenden Werte zu realisieren.

In Kapitel 6 werden Beispiele für konkrete Techniken vorgestellt, die Elemente von Kanban umsetzen können.

2.5 Vorgehensmodell

Ein Vorgehensmodell ist eine Zusammenstellung von Elementen, die auf einem oder mehreren Werten basieren und

von denen jedes durch eine oder mehrere Techniken umgesetzt wird[1].

Die Beispiele aus den Abschnitten 2.2, 2.3 und 2.4 erlauben die Konstruktion eines Vorgehensmodells für
die schriftliche Meinungsäußerung. Es basiert auf dem
abstrakten Wert *Meinungsfreiheit* und nutzt mindestens eine der konkreten Techniken *Leserbrief*, *Blog*
oder *Buch*. Welche dieser Techniken genutzt wird,
ist verhandelbar und von spezifischen Rahmenbedingungen abhängig – etwa der Existenz einer Schreib-
maschine (*Leserbrief*), eines Rechners mit Zugang
zum Internet (*Blog*) oder eines Rechners ohne Zugang
zum Internet (*Buch*).

Das Element *Transparente Information* von Kanban basiert auf dem abstrakten Wert *Empower the
Team* der schlanken Softwareentwicklung und kann
die konkrete Technik *Kanban-Board* nutzen.

Abbildung 2.2 illustriert den Zusammenhang zwischen
den Begriffen *Wert*, *Element*, *Technik* und *Vorgehensmodell*.

Die Definition eines Vorgehensmodells als eine reine Zusammenstellung von Elementen lässt bewusst viel Freiraum
bei der Gestaltung dieserZusammenstellung. Ein Vorge-

---

[1] Es wäre auch möglich, in dieser Definition die Umsetzung jedes
Elements durch mindestens eine Technik nicht zu fordern. In
diesem Fall könnte ein Vorgehensmodell als reines Gedanken-
experiment existieren. Die Forderung nach mindestens einer Technik für jedes Element in einem Vorgehensmodell entspricht der
Forderung nach seiner praktischen Anwendbarkeit.

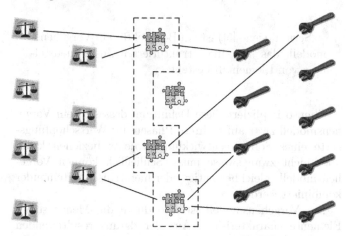

Abb. 2.2 Der Zusammenhang zwischen Werten, Elementen, Techniken und Vorgehensmodellen. Werte werden durch Elemente realisiert, Elemente werden durch Techniken umgesetzt. Ein Vorgehensmodell ist eine Zusammenstellung von Elementen und manifestiert sich durch eine Menge von Techniken. Die Menge der Werte hinter einem Vorgehensmodell ist nicht direkt sichtbar.

hensmodell kann damit etwa eine unstrukturierte oder eine strukturierte Zusammenstellung von Elementen sein. Sofern es sich bei einem Vorgehensmodell um eine strukturierte Zusammenstellung von Elementen handelt, kann es zwischen diesen Elementen explizite Zusammenhänge oder Abhängigkeiten geben.

Kanban ist ein Beispiel für ein Vorgehensmodell, das aus einer *a priori* nicht strukturierten Zusammenstellung von Elementen besteht.

Scrum (siehe [5]) ist ein Beispiel für ein Vorgehensmodell, das aus einer strukturierten Zusammenstellung von Elementen besteht.

Ebenso impliziert diese Definition, dass sich ein Vorgehensmodell zwar auf mehrere Phasen der Wertschöpfungskette eines Softwareentwicklungsprojekts beziehen kann,
aber nicht zwangsweise muss. Schließlich können Vorgehensmodelle gleichberechtigt oder hierarchisch miteinander
kombiniert werden.

Ein Vorgehensmodell ist also durch die Menge seiner
Elemente charakterisiert. Aus der daraus resultierenden
Menge von Werten ergibt sich für jedes Softwareentwicklungsprojekt eine projektindividuelle Kultur. In dieser sind
die abstrakten Bestandteile (Werte) deutlich bestimmend,
aber wenig sichtbar und die konkreten Bestandteile (Techniken) wenig bestimmend, aber deutlich sichtbar.

2.6 Literaturhinweise

Der Wertbegriff aus Sicht der Philosophie kann in [2] nachgelesen werden. Die Definition in Abschnitt 2.2 ist von Ru-
dolph H. Lotze beeinflusst.

Das in Abschnitt 2.5 angesprochene Vorgehensmodell
Scrum ist mitsamt seiner Elemente beispielsweise in [5] beschrieben. Die Kombination der beiden Vorgehensmodelle
Scrum und Kanban ist Inhalt von [4], während [3] Gemein-
samkeiten und Unterschiede dieser beiden Vorgehensmodelle aufzeigt.

Literaturverzeichnis

1. Grundgesetz für die Bundesrepublik Deutschland. (1949) http://www.bundestag.de/dokumente/rechtsgrundlagen/ grundgesetz/index.html. Stand 11.03.2011
2. Hirschberger, J.: Geschichte der Philosophie. Zweitausendeins (1995)
3. Kniberg, H., Skarin, M.: Kanban and Scrum – making the most of both. InfoQ (2010)
4. Ladas, C.: Scrumban. Modus Cooperandi Press (2008)
5. Pichler, R.: Scrum. dpunkt.verlag (2008)

Kapitel 3
Grundlagen von Kanban

3.1 Einleitung

Dieses Kapitel erläutert in Abschnitt 3.2 Grundideen von
Kanban und in Abschnitt 3.3 typische Messgrößen bei dem
Einsatz von Kanban, die aus diesen Grundideen hervor-
gegangen sind. Anschließend beschreibt dann Abschnitt 3.4
die Entstehungsgeschichte von Kanban. Schließlich nimmt
Abschnitt 3.5 Bezug auf den in Abschnitt 2.2 eingeführten Begriff *Wert* und nennt unter anderem die abstrakten
Werte der schlanken Softwareentwicklung, auf denen Kanban basiert.

3.2 Hintergrund

Das Wort *Kanban* stammt aus dem Japanischen und setzt
sich aus den beiden Wörtern *kan* (übersetzt etwa *Signal*)
und *ban* (übersetzt etwa *Karte*) zusammen.

T. Epping, *Kanban für die Softwareentwicklung*,
Informatik im Fokus, DOI 10.1007/978-3-642-22595-6_3,
© Springer-Verlag Berlin Heidelberg 2011

Diese Namensgebung enthält bereits eine Grundidee von Kanban – verwende einfache und direkt erfahrbare Mittel, um bei Bedarf Aufmerksamkeit zu wecken. Signale sollen (möglichst früh) darauf aufmerksam machen, wenn der Fortschritt einer mittels Kanban organisierten Arbeit in Gefahr ist. Dabei strebt Kanban einen möglichst gleichmäßigen Arbeitsfortschritt an, weil ein gleichmäßiger Arbeitsfortschritt einher geht mit guter Vorhersagbarkeit. Eine gute Vorhersagbarkeit wiederum erzeugt Vertrauen in die Arbeit eines Teams.

Zwei kanbaneske Maßnahmen zur Unterstützung eines gleichmäßigen Arbeitsfortschritts haben Sie vielleicht bereits während Ihres alltäglichen Einkaufs erfahren, als Sie an der Kasse gewartet haben. In dieser Situation ist ein gleichmäßiger Arbeitsfortschritt gleichbedeutend mit der gleichmäßigen Bedienung von Kunden ohne Stau oder lange Wartezeiten.

- Geht der Vorrat an Papier auf einer Bon-Rolle in der Kasse zu Ende, so erscheint einige Zentimeter vorher ein roter Streifen auf dem Papier. Dieser Streifen ist ein Signal dafür, dass bald eine neue Bon-Rolle benötigt wird. Sofern nicht bereits eine neue Bon-Rolle bereit liegt, kann die Person an der Kasse rechtzeitig Nachschub anfordern. Sie kann dieses Signal nicht ignorieren, ohne den Arbeitsfortschritt zu gefährden.
- Auf dem Kassentisch ist ein Bild mit grün und rot gefärbten Personen aufgebracht. Dieses Bild besagt, wie viele wartende Kunden (Anzahl der grün

gefärbten Personen) an der Kasse maximal akzeptabel sind und ab wie vielen wartenden Kunden möglichst eine weitere Kasse geöffnet werden soll. Die Person an der Kasse kann, sollte dieses Signal jedoch nicht ignorieren.

Beide Maßnahmen sollen die Vorhersagbarkeit einer kurzen Wartezeit und so das Vertrauen von Kunden in eine schnelle Bedienung fördern. Sie vermeiden unnötige Wartezeiten bei der Bedienung aufgrund von Rüstzeiten oder aufgrund eines hohen Andrangs an der Kasse. Der Kunde soll jederzeit darauf vertrauen können, an der Kasse schnell bedient zu werden.

Gleichmäßiger Arbeitsfortschritt ist wichtig – wichtiger ist jedoch, durch Arbeit einen möglichst hohen Geschäftswert für den Auftraggeber zu erzielen. Dieser Geschäftswert wird aus Sicht des Auftragnehmers dann und erst dann erzielt, wenn eine Arbeit das Ende der Wertschöpfungskette erreicht hat. Durch Arbeit, die noch nicht begonnen wurde und auch durch Arbeit, die noch nicht abgeschlossen wurde, wird kein Geschäftswert erzielt (siehe Abbildung 3.1).

Diesen Anspruch von Kanban fasst David J. Anderson wie folgt zusammen (siehe [1]).

Value first, then flow, then waste reduction/elimination.

Dieses Zitat beinhaltet drei zentrale Wörter aus dem Vokabular von Kanban. Sie haben die folgenden Bedeutungen.

Value bezeichnet den Geschäftswert der Arbeit aus Sicht des Auftraggebers. Der Geschäftswert der Arbeit

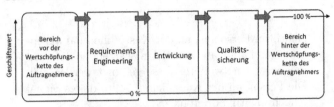

Abb. 3.1 Die Entwicklung des Geschäftswerts einer Arbeit aus
Sicht des Auftragnehmers unter Verwendung der exemplarischen
Wertschöpfungskette aus Abschnitt 1.3. Der Geschäftswert der
Arbeit wird aus Sicht des Auftragnehmers dann und erst dann
erzielt, wenn die Arbeit das Ende dieser Wertschöpfungskette erreicht hat. Aus Sicht des Auftraggebers wird der Geschäftswert
der Arbeit erst dann erzielt, wenn die Arbeit das Ende der gesamten Wertschöpfungskette erreicht hat.

für den Auftraggeber steht bei Kanban absolut im
Vordergrund. Jede Arbeit muss einen Geschäftswert für den Auftraggeber erzielen, und umgekehrt muss jede Arbeit ohne Geschäftswert für
den Auftraggeber vermieden werden. Aus Sicht des
Auftraggebers wird der Geschäftswert der Arbeit
erzielt, sobald die Arbeit das Ende der gesamten Wertschöpfungskette erreicht hat. Aus Sicht
des Auftragnehmers wird der Geschäftswert der
Arbeit erzielt, sobald die Arbeit das Ende der
Wertschöpfungskette des Auftragnehmers erreicht
hat.

Flow   bezeichnet den gleichmäßigen Arbeitsfortschritt
auf der Seite des Auftragnehmers. Ein gleichmäßiger Arbeitsfortschritt ist wichtig, muss sich aber
dem Geschäftswert der Arbeit unterordnen und
kann daher aufgegeben werden, wenn dadurch

ein höherer Geschäftswert erzielt wird. Kanban unterstellt jedoch, dass in den meisten Fällen durch einen gleichmäßigen Arbeitsfortschritt ein höherer Geschäftswert erzielt werden kann und ist daher darauf angelegt, einen gleichmäßigen Arbeitsfortschritt zu ermöglichen.

Waste bezeichnet jeglichen Ballast[1], der den gleichmäßigen Arbeitsfortschritt des Auftragnehmers behindert (verlangsamt oder sogar verhindert) und damit den Geschäftswert der Arbeit für den Auftraggeber schmälert. Die Beseitigung von Ballast ist wichtig, muss sich aber dem gleichmäßigen Arbeitsfortschritt unterordnen und kann daher aufgegeben werden, wenn dadurch ein gleichmäßiger Arbeitsfortschritt ermöglicht wird. Kanban unterstellt jedoch, dass in den meisten Fällen durch die Beseitigung von Ballast ein gleichmäßiger Arbeitsfortschritt ermöglicht werden kann und ist daher darauf angelegt, Ballast zu beseitigen.

Beide Maßnahmen aus dem vorherigen Beispiel unterstützen einen gleichmäßigen Fortschritt bei der Bedienung von Kunden an einer Kasse (*Flow*). Dadurch erhöht sich auch die Anzahl der Kunden, die im Laufe eines Tages an allen Kassen bedient werden kann (*Value*).

---

[1] Oft wird das englische Wort *Waste* auch mit *Verschwendung* übersetzt. Die Beseitigung von Ballast ist einer der sieben Werte der schlanken Softwareentwicklung, die in Abschnitt 3.5.2 erläutert werden. Die sieben Arten von Ballast in der Softwareentwicklung werden in Abschnitt 4.3 erläutert.

- Würde der Nachschub an Bon-Rollen ausbleiben, so könnten keine weitere Kunden bedient werden. An jeder Kasse, an der diese Situation eintritt, kann kein Kunde bedient werden.
- Würde die Anzahl der Kunden an einer Kasse die maximal akzeptable Anzahl übersteigen, so könnten zwar weitere Kunden bedient werden. An jeder Kasse, an der diese Situation eintritt, können Kunden jedoch nur mit langer Wartezeit bedient werden.

3.3 Messgrößen

Weil der Geschäftswert von Arbeit erst dann erzielt wird, wenn die Arbeit das Ende der Wertschöpfungskette erreicht, wird in Kanban auch der Zeitraum, in dem eine Person ein Werkstück in Arbeit hat, als Ballast angesehen. Die Beseitigung dieses Ballasts besteht in einer Minimierung der Arbeitsdauer. Vor diesem Hintergrund haben sich in Kanban die folgenden typischen Messgrößen für die Arbeit an Werkstücken etabliert.

Work in Progress (WIP)	bezeichnet die Anzahl der Werkstücke, die zu einem bestimmten Zeitpunkt gleichzeitig in Arbeit sind. Bei der Bestimmung des *Work in Progress* wird die Anzahl der Werkstücke von allen an der Wertschöpfungskette beteiligten Personen berücksichtigt.

Cycle Time bezeichnet den Zeitraum zwischen dem Beginn und dem Ende der Arbeit an einem Werkstück, gemessen über die gesamte Wertschöpfungskette hinweg[2].

Average Completion Rate bezeichnet die (durchschnittliche) Anzahl der Werkstücke, an denen innerhalb eines festen Zeitraums die Arbeit beendet wird (die also das Ende der Wertschöpfungskette erreichen).

Zwischen diesen Messgrößen besteht der folgende Zusammenhang, der von John D. C. Little im Jahr 1961 formuliert wurde und seitdem als *Little's Law* bekannt ist (siehe [7]).

$$Cycle\ Time = \frac{Work\ in\ Progress}{Average\ Completion\ Rate} \qquad (3.1)$$

Abbildung 3.2 illustriert *Little's Law* durch vier Momentaufnahmen einer Wertschöpfungskette. Die Wertschöpfungskette besteht aus zwei Phasen und ist umgeben von einem Vorrat von unbearbeiteten Werkstücken vor der ersten Phase und einer Menge von abschließend bearbeiteten Werkstücken hinter der zweiten Phase.

Der Abbildung liegen die folgenden (idealisierten) Annahmen zugrunde.

- Alle Werkstücke erfordern in jeder der beiden Phasen den immer gleichen Bearbeitungsaufwand.

---

[2] Die Messgröße *Cycle Time* wird in diesem Buch durchgängig mit *Durchlaufzeit* übersetzt.

- Beide Phasen der Wertschöpfungskette haben den
  gleichen Takt. Dieser ist so bemessen, dass ein
  Taktschritt genau der Bearbeitungsdauer eines
  Werkstücks entspricht. Die *Average Completion
  Rate* beträgt also ein Werkstück pro Takt.

Nun durchlaufen die Werkstücke A, B, C, D, E (in
dieser Reihenfolge) die Wertschöpfungskette. Die folgenden beiden Szenarien unterscheiden sich lediglich
in der Limitierung der Anzahl der Werkstücke, die
sich gleichzeitig in einer Phase der Wertschöpfungskette befinden dürfen.

Abbildung 3.2 zeigt das limitierte Szenario.

Limitiertes Szenario In diesem Szenario ist für
beide Phasen der Wertschöpfungskette die Anzahl der
Werkstücke, die sich gleichzeitig in jeder Phase be-
finden dürfen, auf maximal ein Werkstück beschränkt.
Der *Work in Progress* beträgt also maximal zwei
Werkstücke.

Ausgehend vom Ausgangszustand (erste Zeile) ist
dann nach drei Takten Werkstück A abschließend bearbeitet (zweite Zeile), nach fünf Takten ist der Vorrat aller unbearbeiteten Werkstücke leer (dritte Zeile)
und nach sieben Takten sind alle Werkstücke abschließend bearbeitet (vierte Zeile).

Für jedes Werkstück beträgt die Durchlaufzeit $\frac{2}{1} =$
2 Takte.

Unlimitiertes Szenario In diesem Szenario ist für
beide Phasen der Wertschöpfungskette die Anzahl der
Werkstücke, die sich gleichzeitig in jeder Phase be-

finden dürfen, unbeschränkt. Die Werkstücke durchlaufen die Wertschöpfungskette so, dass in beiden
Phasen das Maximum von fünf Werkstücken erreicht
wird. Der *Work in Progress* beträgt also maximal fünf
Werkstücke.

Ausgehend vom Ausgangszustand ist dann
nach fünf Takten der Vorrat aller unbearbeiteten
Werkstücke leer, nach elf Takten ist Werkstück A
abschließend bearbeitet und nach 15 Takten sind alle
Werkstücke abschließend bearbeitet.

Für jedes Werkstück beträgt die Durchlaufzeit $\frac{5}{1} =$
5 Takte.

Über *Little's Law* hinaus wird vermutet, dass es auch
einen Zusammenhang zwischen Durchlaufzeit und Qualität
(gemessen etwa als die durchschnittliche Anzahl von Fehlern pro Werkstück) gibt und eine geringe Durchlaufzeit zu
hoher Qualität führt.

3.4 Entstehungsgeschichte

Der Hintergrund von Kanban und die dadurch motivierten
Messgrößen sind in diesem Kapitel bisher allgemein und
ohne Bezug zu einer bestimmten Industrie beschrieben.
Seinen Ursprung hat Kanban in der Automobilindustrie.
Abschnitt 3.4.1 fasst die Entstehungsgeschichte von Kanban zusammen, in Abschnitt 3.4.2 erfolgt dann der Über-
gang zu Kanban in der Softwareentwicklung.

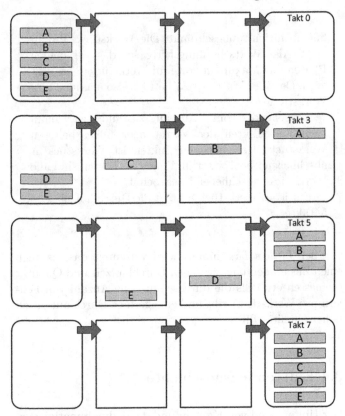

Abb. 3.2 Illustration von *Little's Law* durch vier Moment-aufnahmen einer getakteten Wertschöpfungskette. Die Wertschöpfungskette besteht aus zwei Phasen und ist umgeben von einem Vorrat von unbearbeiteten Werkstücken vor der ersten Phase und einer Menge von abschließend bearbeiteten Werkstücken hinter der zweiten Phase. Im Idealfall beträgt die Durchlaufzeit für jedes Werkstück zwei Takte.

Abb. 3.3 Ein Slogan der *Limited WIP Society* (siehe [6]) zeigt ein Bild von Taiichi Ohno, dem Vater des *Toyota Production System*. Die Seite der *Limited WIP Society* versteht sich als die Heimat von Kanban für die Softwareentwicklung und bietet zahlreiche weiterführende Informationen zu Kanban. Sie trägt mit diesem Slogan dem Ursprung von Kanban in der Automobilindustrie Rechnung.

3.4.1 Kanban in der Automobilindustrie

In der Mitte des 20. Jahrhunderts entwickelte der Japaner Taiichi Ohno[3] für den Automobilhersteller Toyota neue Produktionsmethoden, in denen es vor allem darum ging, den Anteil an Ballast[4] in der Produktion zu minimieren (siehe Abbildung 3.3).

Diese Minimierung von Ballast beinhaltete insbesondere auch den Verzicht auf unnötigen Materialvorrat. Statt dessen kamen Signalkarten zum Einsatz, die den Bedarf von

---

[3] Dies ist die Namensreihenfolge, in der der Vorname vor dem Familiennamen steht. Im Japanischen würde der Familienname vor dem Vornamen genannt, so dass der Name *Ohno Taiichi* lauten würde.

[4] Die Minimierung von Ballast ist einer der sieben Werte der schlanken Softwareentwicklung, die in Abschnitt 3.5.2 beschrieben werden.

Abb. 3.4 Ein Beispiel für eine Signalkarte aus der Automobilproduktion bei Toyota (siehe [9], übernommen aus [5]).

Material dann (und erst dann) anzeigten, wenn er benötigt wurde. Abbildung 3.4 zeigt eine solche Signalkarte.

Aus dieser Technik entstand zusammen mit weiteren Techniken das sogenannte *Toyota Production System*. Aus dessen Verallgemeinerung ging in den 1980er Jahren die schlanke Produktion (*Lean Manufacturing*) hervor, deren Einsatz sich inzwischen nicht nur in der Automobilindustrie, sondern auch anderen produzierenden Industrien etabliert und bewährt hat. Grundgedanken daraus wurden schließlich als schlanke Entwicklung (*Lean Development*) auch auf Bereiche außerhalb der Produktion (etwa das *Lean Management*) ausgeweitet.

3.4.2 Kanban in der Softwareentwicklung

Anfang des 21. Jahrhunderts wurden die Ideen der schlanken Produktion von Mary und Tom Poppendieck sowie David J. Anderson auf den Bereich der Softwareentwicklung übertragen. Das erste Mal wurde Kanban in der Softwareentwicklung im Jahre 2004 von Dragos Dumitriu für Microsoft eingesetzt. Seitdem fand (und findet zum Entstehungszeitpunkt dieses Buches weiterhin) Kanban als ein Vorgehensmodell der schlanken Softwareentwicklung (*Lean Software Development*) zunehmende Verbreitung. Öffentlich vorgestellt wurde es das erste Mal im Jahre 2007 von David J. Anderson, der seitdem als der Vater von Kanban in der Softwareentwicklung gilt.

David J. Anderson beschreibt den Erfolg des ersten Einsatzes von Kanban in der Softwareentwicklung für ein Team, das für den Betrieb von etwa 80 Anwendungen zuständig war, die bei Microsoft eingesetzt wurden (siehe [2]).

Vor dem Einsatz von Kanban (im Oktober 2004) betrug die *Lead Time* (eine Verallgemeinerung der Durchlaufzeit) für kleinere Anwendungserweiterungen oder Fehlerbehebungen etwa 125-155 Tage. Das Team hatte innerhalb von Microsoft den Ruf der schlechtesten Kundenbetreuung.

Nach dem Einsatz von Kanban (bis zum November 2005) betrug die *Lead Time* noch etwa 14 Tage, war also um 90 Prozent gesunken. Das Team hielt vereinbarte Fälligkeitstermine mit einer Verlässlichkeit von 98 Prozent ein und gewann einen *Engineering Excellence Award*.

Am Vorgehensmodell des Teams hatte sich durch den Einsatz von Kanban nichts Wesentliches geändert. Ein entscheidender Faktor für den Erfolg war jedoch die Limitierung der Anzahl von Anwendungserweiterungen und Fehlerbehebungen, die das Team gleichzeitig bearbeitet hat, also die Limitierung des *Work in Progress*.

Schlanke Produktion und schlanke Softwareentwicklung teilen den Anspruch, einen gleichmäßigen Arbeitsfortschritt erreichen zu wollen. Es gibt jedoch einen wichtigen Unterschied: Phasen der schlanken Produktion zeichnen sich durch möglichst monotone, wenig kreative Arbeit aus – Phasen der schlanken Softwareentwicklung dagegen beinhalten stets kreative Arbeit, die stark in Inhalt und Umfang variieren können.

Im Folgenden beziehen sich alle Inhalte dieses Buches nur noch auf die schlanke Softwareentwicklung. Dabei werden die Begriffe

- *schlanke Softwareentwicklung* für das grundlegende Wertsystem,
- *Kanban* für ein Vorgehensmodell der schlanken Softwareentwicklung und
- *Signalkarte* für eine Technik von Kanban

verwendet.

3.5 Wertsysteme

In Abschnitt 2.2 wurde der Begriff *Wert* als ein abstraktes Ziel mit einem nicht verhandelbaren Nutzen definiert. Dieser Abschnitt stellt nun zwei verschiedene Systeme von Werten vor.

Das Wertsystem der schlanken Softwareentwicklung (das Wertsystem, auf dem Kanban basiert), wird in Abschnitt 3.5.2 beschrieben. Zuvor wird in Abschnitt 3.5.1 ein anderes Wertsystem, das Wertsystem der agilen Softwareentwicklung, beschrieben. Die so entstehende Vergleichsmöglichkeit soll ein besseres Verständnis des Wertsystems von Kanban fördern.

3.5.1 Agile Softwareentwicklung

Als agile Softwareentwicklung wird jede Softwareentwicklung bezeichnet, die ein Vorgehensmodell benutzt, dessen Elemente auf den Werten des so genannten agilen Manifests (*Agile Manifesto*) beruhen. Das agile Manifest ist das Ergebnis eines Treffens von 17 Personen[5] im Jahre 2001 und wie folgt formuliert (siehe [8]).

> We are uncovering better ways of developing software by doing it and helping others do it. Through this work we have come to value:
>
> **Individuals and interactions** over processes and tools
> **Working software** over comprehensive documentation
> **Customer collaboration** over contract negotiation
> **Responding to change** over following a plan
>
> That is, while there is value in the items on the right, we value the items on the left more.

Agile Softwareentwicklung beruht also auf einem System von vier Werten. Die folgenden Erläuterungen zu diesen vier Werten stammen von Alistair Cockburn – einer der Personen, die das agile Manifest verfasst und unterzeichnet haben (siehe [3]).

Individuals and Interactions Personen und die Interaktion von Personen in einem Team stehen, unabhängig von offiziellen Rollen- oder Ablaufbeschreibungen, im Vordergrund. Jede Person muss jederzeit die Möglichkeit haben,

---

[5] Diese Personen waren Kent Beck, Mike Beedle, Arie van Bennekum, Alistair Cockburn, Ward Cunningham, Martin Fowler, James Grenning, Jim Highsmith, Andrew Hunt, Ron Jeffries, Jon Kern, Brian Marick, Robert C. Martin, Steve Mellor, Ken Schwaber, Jeff Sutherland und Dave Thomas.

Informationen in das Team einzubringen, die sie für wichtig
hält.

> The first value is attending to the people on the team as
> opposed to roles in the process chart. Although a process
> description is needed to get a group of people started, people
> are not plug-replaceable, as we have seen.
>
> The second choice being highlighted there is attending
> to the interactions between the individuals. New solutions
> and flaws in old solutions come to life in discussions between
> people. The quality of the interactions matters.
>
> [...]
>
> What this first value expresses is that we would rather
> use an undocumented process with good interactions than
> a documented process with hostile interactions.

Working Software Es herrscht ein gesundes Misstrauen
gegenüber allem, was nicht die konkrete Anwendung ist,
sondern sie nur beschreibt. Erst die erfahrbare Anwendung
ist der Maßstab für die Arbeit jeder Person in einem Team.
Diese Transparenz bietet keine Möglichkeit, Fehler oder Un-
genauigkeiten in Dokumenten zu verschleiern oder lange
unentdeckt zu lassen.

> The working system is the only thing that tells you what
> the team *has* built. Running code is ruthlessly honest.
>
> Documents showing the requirements, analysis, design,
> screen flows, object interaction sequence charts, and the like
> are handy as hints. The team members use them as aids in
> reflecting on their own experience, to guess what the future
> will look like. The documents serve as markers in the game,
> used to build an image of the unreliable future.
>
> [...]
>
> Documents can be very useful, as we have seen, but they
> should be used along with the words "just enough" and
> "barely sufficient".

Customer Collaboration Sowohl Auftraggeber als auch Auftragnehmer sind sich ihrer gegenseitigen Abhängigkeit bewusst. Beide streben eine gleichberechtigte, vertrauensvolle Zusammenarbeit an. Erfolge und Misserfolge werden geteilt; insbesondere besteht nicht die Erwartungshaltung auf der Seite des Auftraggebers, dass er einen Wunsch äußern kann und für die Erfüllung dieses Wunsches allein der Auftragnehmer verantwortlich ist (und damit allein für Erfolg oder Misserfolg verantwortlich ist). Dem Auftraggeber ist bewusst, dass er dem Auftragnehmer etwa zur Klärung von Fragen oder zur Abnahme einer Anwendung unmittelbar zur Verfügung stehen muss.

> The third value describes the relationship between the people who want the software built and those who are building the software. The distinction is that in properly formed agile development, there is no "us" and "them" — there is only "us".
>
> [...]
> Although contracts are useful at times, collaboration strengthens development both when a contract is in place and when no contract exists. Good collaboration can save a contract situation when it is in jeopardy. Good collaboration can sometimes make a contract unnecessary. Either way, collaboration is the winning element.

Responding to Change Änderungen an Plänen sind keine Störung. Die Notwendigkeit, in einem Softwareentwicklungsprojekt auf kurzfristige Änderungen reagieren zu können, wird akzeptiert und die Fähigkeit dazu als Wettbewerbsvorteil für den Auftraggeber angesehen. Dieser Wert wird durch die anderen drei Werte der agilen Softwareentwicklung unterstützt. In diesem Sinne kann das Wort *Plan* aus dem nachstehenden Zitat nicht nur als Projektplan, sondern auch allgemeiner als die Planung fachlicher Inhalte, organisatorischer Abläufe (des Auftraggebers, des Auftragnehmers oder zwischen Auftraggeber und Auftragnehmer) oder rechtlicher Zusammenarbeit (zwischen Auftragnehmer und Auftraggeber) verstanden werden.

> The final value is about adjusting to fast-breaking project changes.
> [...]
> Building a plan is useful. Referring to the plan is useful until it gets too far from the current situation. Hanging onto an outdated plan is not useful.

3.5.2 Schlanke Softwareentwicklung

Für die schlanke Softwareentwicklung gibt es – im Gegensatz zum agilen Manifest der agilen Softwareentwicklung – kein explizit formuliertes Wertsystem. Dieses Buch legt der schlanken Softwareentwicklung die folgenden sieben Werte zugrunde, die mitsamt den erläuternden Zitaten von Mary und Tom Poppendieck stammen (siehe [10]). Unter Verwendung dieser Werte ergibt sich Abbildung 3.5, die Abbildung 2.2 in einem ersten Schritt und aus Sicht der schlanken Softwareentwicklung konkretisiert.

Eliminate Waste Dieser Wert spiegelt die Gedanken zu der zentralen Vokabel *Waste* wider (siehe Abschnitt 3.2). Als Ballast wird alles bezeichnet, was einen gleichmäßigen Arbeitsfortschritt eines Auftragnehmers behindert (verlangsamt oder sogar verhindert) und damit den Geschäftswert von Arbeit für einen Auftraggeber schmälert. Dieser Wert nimmt in der schlanken Softwareentwicklung eine ähnlich herausragende Stellung ein wie der Wert *Responding*

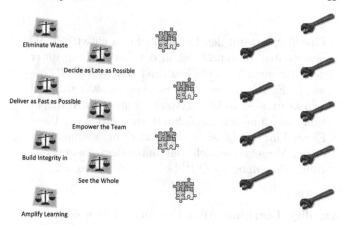

Abb. 3.5 Die sieben Werte der schlanken Softwareentwicklung (siehe [10]), auf denen Kanban basiert.

to Change in der agilen Softwareentwicklung. Alle anderen Werte der schlanken Softwareentwicklung unterstützen diesen Wert.

Abschnitt 3.5.2.1 gibt einen Überblick über die sieben verschiedenen Formen, in denen Ballast in einem Softwareentwicklungsprojekt auftreten kann. Zu einer dieser Formen gehören Puffer in der Wertschöpfungskette, die Abschnitt 3.5.2.2 beschreibt.

Waste is anything that does not add value to a product, value as perceived by the customer. In lean thinking, the concept of waste is a high hurdle. If a component is sitting on a shelf gathering dust, that is waste. If a development cycle has collected requirements in a book gathering dust, that is waste. [...] If developers code more features than are immediately needed, that is waste. [...] Whatever gets in the way of rapidly satisfying a customer need is waste.

Eine Antwort auf den Drang, mehr zu entwickeln als
unmittelbar gebraucht, ist in der Entwicklung unter
dem Akronym YAGNI (*You Ain't Gonna Need It*) bekannt. Es soll daran erinnern, dass es zwar wertvoll
sein kann, aber nicht wertvoll sein muss, in Antizipa-
tion einer ungewissen Zukunft zu entwickeln. Diese
Einstellung, nicht aber das Akronym, stammt aus
einem Vorgehensmodell, das unter dem Namen *eX-
treme Programming (XP)* bekannt geworden ist.

Amplify Learning Allen Personen, die an einem Softwareentwicklungsprojekt beteiligt sind, wird kontinuierliches Lernen ermöglicht. Zum einen umfasst dies das
Lernen aus Fehlern, die bei der aktuellen Arbeit gemacht wurden. Zum anderen umfasst dies jedoch auch die
Möglichkeit, auf neuen Fachgebieten zu lernen, die (noch)
nicht die aktuelle Arbeit betreffen. In beiden Fällen schafft
ein kontinuierliches Lernen die Basis für eine kontinuierlich
kreative Arbeit in der Softwareentwicklung.

Development is like creating a recipe [...]. Recipes are desi-
gned by experienced chefs who have developed an instinct
for what works and the capability to adapt available ingre-
dients to suit the occasion. Yet even great chefs produce
several variations of a new dish as they iterate toward a
recipe that will taste great and be easy to reproduce. Chefs
are not expected to get a recipe perfect on the first att-
empt; they are expected to produce several variations on a
theme as part of the learning process. Software development
is best conceived of as a similar learning process with the
added challenge that development teams are large and the
results are far more complex than a recipe. The best ap-

proach to improving a software development environment is to amplify learning.

Kontinuierliches Lernen wird etwa durch die folgenden drei Voraussetzungen begünstigt.

- Fehler sind als unvermeidbarer (jedoch reduzierbarer) Bestandteil menschlicher Arbeit akzeptiert.
- Zeit zum Lernen ist vorhanden.
- Eine Atmosphäre der Akzeptanz lädt zum Lernen ein und sieht Wissenserwerb als Gewinn an.

Decide as Late as Possible Entscheidungen werden bewusst so lange verzögert wie möglich. Der Grund dafür ist das Bestreben, vor jeder Entscheidung so lange wie möglich Informationen zur Entscheidungsunterstützung zu sammeln. Dadurch wird vermieden, dass Entscheidungen auf der Basis von wenigen oder veralteten Informationen getroffen werden.

Development practices that provide for late decision making are effective in domains that involve uncertainty, because they provide an options-based approach. [...] Delaying decisions is valuable because better decisions can be made when they are based on fact, not speculation. [...] A key strategy for delaying commitments when developing a complex system is to build a capacity for change into the system.

Eine Alltagsweisheit besagt: „Manche Probleme erledigen sich von selbst". Wartet man so lange wie möglich mit der Entscheidung zur Lösung eines

Problems, so kann es sein, dass das Problem aufgrund geänderter Rahmenbedingungen tatsächlich nicht mehr existiert oder sich zumindest so viele weitere Informationen angesammelt haben, dass die Entscheidung zur Problemlösung deutlich leichter fällt.

Deliver as Fast as Possible Das nachstehende Zitat beschreibt einige der Auswirkungen, die eine hohe Arbeitsgeschwindigkeit (im Sinne einer möglichst geringen Durchlaufzeit) haben kann. Darüber hinaus entspricht eine geringe Durchlaufzeit gemäß *Little's Law* (siehe Formel 3.1) einem geringen *Work in Progress*. Bei einer geringen Durchlaufzeit sinkt also die Notwendigkeit eines hohen Anteils an paralleler Arbeit.

Rapid development has many advantages. Without speed, you cannot delay decisions. Without speed, you do not have reliable feedback. In development the discovery cycle is critical for learning: Design, implement, feedback, improve. The shorter these cycles are, the more can be learned. Speed assures that customers get what they need now, not what they needed yesterday. It also allows them to delay making up their minds about what they really want until they know more. Compressing the value stream as much as possible is a fundamental strategy for eliminating waste.

Sie haben vielleicht die Erfahrung gemacht, dass es Ihnen leichter fällt, sich nacheinander fünfmal mit je einer von fünf verschiedenen Aufgaben zu beschäftigen als sich einmal mit allen fünf Aufgaben gleichzeitig zu beschäftigen. Ein hoher Anteil an paralleler

Arbeit kann anstrengend sein; es ist anstrengender, gleichzeitig den Überblick über und den Einblick in mehrere Aufgaben haben zu müssen als sich auf eine einzige Aufgabe konzentrieren zu können. Dazu trägt nicht zuletzt der Aufwand bei, der bei häufigen Wechseln zwischen den parallel bearbeiteten Aufgaben entsteht.

Empower the Team Softwareentwicklung ist komplexe und kreative Arbeit, die in ihrer Gesamtheit nicht von einer (oder mehreren) ausgewählten Personen gesteuert werden kann.

Top-notch execution lies in getting the details right, and no one understands the details better than the people who actually do the work. Involving developers in the details of technical decisions is fundamental to achieving excellence. The people on the front line combine the knowledge of the minute details with the power of many minds. When equipped with necessary expertise and guided by a leader, they will make better technical decisions and better process decisions than anyone can make for them. Because decisions are made late and execution is fast, it is not possible for a central authority to orchestrate activities of workers.

Neben dem Respekt vor Expertenwissen steckt in diesem Wert auch eine Risikominimierung, denn wenn sich Informationen und Entscheidungsbefugnisse gleichberechtigt über alle Personen in einem Team verteilen, steigt die Ausfallsicherheit. Gäbe es eine zentral steuernde Person, so wäre im Extremfall ein gesamtes Softwareentwicklungsprojekt und dessen Fortschritt von dieser einen Person und etwa von ihren Abwesenheitszeiten abhängig, die geplant (Urlaub) oder auch nicht geplant (Krankheit) eintreten können.

Build Integrity in Die Akzeptanz einer Anwendung durch ihre Anwender ist wichtig. Dieser Wert beschreibt die Balance auf dem schmalen Grat zwischen einer funktionierenden und einer faszinierenden Anwendung. In beiden Ausprägungen sollte die Anwendung minimalistisch ausgelegt sein (also keinen Ballast enthalten); eine faszinierende Anwendung unterscheidet sich jedoch von einer funktionierenden durch die Vorwegnahme vorhandener, jedoch nicht explizit geäußerter Wünsche von Anwendern.

A system is perceived to have integrity when a user thinks, "Yes! That is exactly what I want. Somebody got inside my mind!" [...] Software is usually expected to evolve gracefully as it adapts to the future. Software with integrity has a coherent architecture, scores high on usability and fitness for purpose, and is maintainable, adaptable, and extensible. Research has shown that integrity comes from wise leadership, relevant expertise, effective communication, and healthy discipline; processes, procedures, and measurements are not adequate substitutes.

Es kann notwendig werden, Ballast in einer Anwendung in Kauf zu nehmen, um ihren Geschäftswert zu erhöhen (siehe Abschnitt 3.2). Der Ballast kann etwa aus einer Flexibilität in der Anwendung bestehen, die

nicht unbedingt notwendig scheint; die Wertsteige-
rung kann etwa in einer dadurch gesteigerten Akzeptanz der Anwendung liegen.

Bereiche einer Anwendung, in denen es sich vielleicht lohnt, Ballast in Kauf zu nehmen, können etwa
mit Hilfe des Kano-Modells (siehe [4]) identifiziert
werden.

See the Whole Ein ausgewogenes Ganzes ist wichtiger
als eine Sammlung von zwar jeweils ausgewogenen, aber
nicht aufeinander abgestimmten Teilen. Für eine Software
kann dies bedeuten, dass auf die Optimierung eines einzelnen Bestandteils verzichtet wird, wenn dies zu einer besser
abgestimmten Gesamtheit der Software führt.

> Integrity in complex systems requires a deep expertise in
> many diverse areas. [...] Quite often, the common good suf-
> fers if people attend first to their own specialized interests.
> When individuals or organizations are measured on their
> specialized contribution rather than overall performance,
> suboptimization is likely to result.

Suboptimierung kann etwa durch eine spezialisierte
Person in einem Team oder durch einen spezialisierten
Auftragnehmer in einer Menge von Auftragnehmern
verursacht werden. Wendet eine solche Person oder
ein solcher Auftragnehmer Spezialwissen (etwa in
Form einer speziellen Programmiersprache) an, ohne
auf andere Personen oder Auftragnehmer Rücksicht
zu nehmen, kann dies zu isoliertem Wissen führen,
unter dem die gesamte Zusammenarbeit leidet.

Dieses Szenario ist ein Argument dafür, nicht die
Leistung einzelner Personen oder Auftragnehmer zu
belohnen.

3.5.2.1 Ballast in der schlanken Softwareentwicklung

Der Wert *Eliminate Waste* ist ein zentraler Wert der schlanken Softwareentwicklung.

Einen Überblick über die sieben verschiedenen Formen, in denen Ballast in einem Softwareentwicklungsprojekt auftreten kann, gibt die folgende Auflistung. Sie stammt, mitsamt den erläuternden Zitaten, von Mary und Tom Poppendieck (siehe [10]).

Partially Done Work

Partially done software development has a tendency to become obsolete, and it gets in the way of other development that might need to be done. But the big problem with partially done software is that you might have no idea whether or not it will eventually work.

Extra Processes

Do you ever ask, Is all that paperwork really necessary? Paperwork consumes resources. Paperwork slows down response time. Paperwork hides quality problems. Paperwork gets lost. Paperwork degrades and gets obsolete. Paperwork that no one cares to read adds no value.

[...]

Many software development processes require paperwork for customer sign-off, or to provide traceability, or to get approval for a change. Does your customer really find this makes the product more valuable to them?

Extra Features

Every bit of code in the system has to be tracked, compiled, integrated, and tested every time the code is touched, and then it has to be maintained for the life of the system. Every bit of code increases complexity and is a potential failure point. There is a great possibility that extra code will become obsolete before it's used; after all, there wasn't any real call for it in the first place. If code is not needed *now*, putting it into the system is a waste. Resist the temptation.

Task Switching

Assigning people to multiple projects is a source of waste. Every time software developers switch between tasks, a significant switching time is incurred as they get their thoughts gathered and get into the flow of the new task. Belonging to multiple teams usually causes more interruptions and thus more task switching. This task switching time is waste.

Waiting

Delays in starting a project, delays in staffing, delays due to excessive requirements documentation, delays in reviews and approvals, delays in testing, and delays in deployment are waste. [...]

So what's wrong with waiting? Delay keeps the customer from realizing value as quickly as possible. When a critical customer need arrives in your development organization, the speed with which you can respond is directly related to the systemic delays in your development cycle.

Motion

When a developer has a question, how much motion does it take to find out the answer? [...]

People aren't the only things that move — various artifacts move also. [...] Moving artifacts from one group to another is a huge source of waste in software development.

Defects

The amount of waste caused by a defect is the product
of the defect impact and the time it goes undetected. A
critical defect that is detected in three minutes is not a
big source of waste. A minor defect that is not discovered
for weeks is a much bigger waste. The way to reduce the
impact of defects is to find them as soon as they occur.
Thus, the way to reduce the waste due to defects is to test
immediately, integrate often, and release to production as
soon as possible.

3.5.2.2 Puffer in der schlanken Softwareentwicklung

Einen in vielen Softwareentwicklungsprojekten verbrei-
teten Ballast in Form von *Waiting* stellen Puffer in
der Wertschöpfungskette dar. Eine Aufgabe, die sich in
einem Puffer befindet, wird nicht bearbeitet, sondern
wartet auf ihre Bearbeitung in der nächsten Phase der
Wertschöpfungskette. Aus Sicht von Kanban stellt damit
jeder Puffer in einer Wertschöpfungskette Ballast dar, weil
er die Durchlaufzeit erhöht. Trotzdem werden Puffer oft
eingesetzt, weil sie Schwankungen im Arbeitsfortschritt
ausgleichen können. Ein gleichmäßiger Arbeitsfortschritt
ist wichtiger als die Beseitigung von Ballast (siehe Abschnitt 3.2).

3.6 Literaturhinweise

Mehr über die Entstehungsgeschichte von Kanban in der
Softwareentwicklung findet sich in [2]. Dazu zählt auch

eine ausführliche Beschreibung des Softwareentwicklungsprojekts, in dem Kanban erstmals eingesetzt wurde.

Die vier Werte der agilen Softwareentwicklung, die zusammen das agile Manifest bilden, sind unter [8] aufgeführt. Dort findet sich zusätzlich ein Verweis auf weitere zwölf Prinzipien der agilen Softwareentwicklung. Eine Beschreibung der Entstehungsgeschichte des agilen Manifests ist in [3] enthalten, ebenso wie einige Ausführungen über die *Declaration of Interdependence*, die den Geltungsbereich des agilen Manifests erweitert und in die Nähe sowohl der schlanken Produktion als auch der schlanken Softwareentwicklung rückt.

Die sieben Werte der schlanken Softwareentwicklung sind [10] entnommen. Darin kann ebenfalls ausführlicher die Entstehungsgeschichte von Kanban in der Automobilindustrie nachgelesen werden.

Stets aktuelle Informationen über Kanban in der Softwareentwicklung bietet die *Limited WIP Society* unter [6].

Literaturverzeichnis

1. Anderson, D. J.: Providing Value with Lean. (2008)
   http://www.agilemanagement.net/index.php/blog/
   Providing_Value_with_Lean. Stand 11.03.2011
2. Anderson, D. J.: Kanban – Successful Evolutionary Change for Your Technology Business. Blue Hole Press (2010)
3. Cockburn, A.: Agile Software Development. Addison-Wesley (2007)
4. Cohn, M.: Agile Estimating and Planning. Prentice Hall (2006)
5. Elis, V.: Von Amerika nach Japan – und zurück. Die historischen Wurzeln und Transformationen des Toyotismus. Zeithistorische Forschungen/Studies in Contemporary History 6. (2009)

    http://www.zeithistorische-forschungen.de/16126041-Elis-
    2-2009. Stand 11.03.2011
 6. Limited WIP Society. (Ohne Datum)
    http://www.limitedwipsociety.org. Stand 11.03.2011
 7. Little, J. D. C.: A Proof for the Queuing Formula: $L = \lambda W$.
    Operations Research 9, 383 – 387 (1961)
 8. Manifesto for Agile Software Development. (2001)
    http://www.agilemanifesto.org. Stand 11.03.2011
 9. Ohno, T.: Toyota Production System: Beyond Large-scale
    Production. Productivity Press (1988)
10. Poppendieck, M., Poppendieck, T.: Lean Software Develop-
    ment. Addison-Wesley (2003)

Kapitel 4
Kanban als Vorgehensmodell

4.1 Einleitung

Der Begriff *Vorgehensmodell* wurde in Kapitel 2 als eine
Zusammenstellung von Elementen definiert. Abschnitt 4.2
nennt nun die vier allgemeinen Elemente, die Kanban
charakterisieren. Anschließend stellt Abschnitt 4.3 den
Bezug dieser Elemente unter anderem zu den Werten der
schlanken Softwareentwicklung her.

4.2 Charakterisierende Elemente

Kanban wird durch insgesamt vier Elemente[1] charakterisiert.

---

[1] Eine offizielle Festlegung dieser vier Elemente als charakte-
risierend für Kanban gibt es nicht – ähnlich, wie es auch keine
offizielle Festlegung der sieben Werte der schlanken Softwareentwicklung gibt.

T. Epping, *Kanban für die Softwareentwicklung*,
Informatik im Fokus, DOI 10.1007/978-3-642-22595-6_4,
© Springer-Verlag Berlin Heidelberg 2011

- Arbeit wird genommen, nicht gegeben (*Pull*, siehe Abschnitt 4.2.1).
- Mengen werden limitiert (*Limitierte Mengen*, siehe Abschnitt 4.2.2).
- Informationen werden veröffentlicht (*Transparente Information*, siehe Abschnitt 4.2.3).
- Arbeitsabläufe werden kontinuierlich verbessert (*Kontinuierliche Verbesserung*, siehe Abschnitt 4.2.4).

Diese Elemente konkretisieren Abbildung 3.5 weiter (siehe Abbildung 4.1).

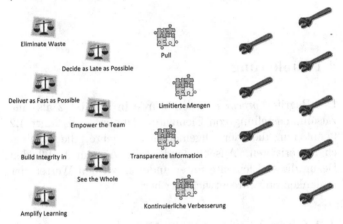

Abb. 4.1 Die sieben Werte der schlanken Softwareentwicklung zusammen mit den vier charakterisierenden Elementen von Kanban.

4.2.1 Pull

Aufgaben werden bei ihrem Durchlauf durch die Wertschöpfungskette nicht von einer Phase in die nächste geschoben (*Push*), sondern in jede Phase aus der vorhergehenden gezogen (*Pull*). Damit vermeidet dieses Element die Überlastung des Teams und ermöglicht ihm eine selbstorganisierte, eigenverantwortliche Arbeit. Es unterstützt darüber hinaus die Limitierung der Anzahl von Aufgaben, die sich gleichzeitig in jeder Phase der Wertschöpfungskette befinden.

Eine Ausnahme für dieses Element stellen Aufgaben dar, die sich in einem Puffer der Wertschöpfungskette befinden (siehe Abschnitt 3.5.2.2). Da Aufgaben in einem Puffer nicht bearbeitet werden, gibt es auch keine Person, die eine Aufgabe in einen Puffer ziehen könnte.

Das Element *Pull* realisiert die folgenden Werte der schlanken Softwareentwicklung.

Eliminate Waste Aufgaben werden nicht an Personen verteilt, sondern von Personen genommen. Dadurch wird es jeder Person ermöglicht, sich erst dann eine neue Aufgabe zu nehmen, wenn sie bereit dafür ist. Eine (fremdorganisierte) Arbeit an mehreren Aufgaben gleichzeitig wird vermieden. Der Ballast in Form von *Task Switching* (siehe Abschnitt 3.5.2.1) wird reduziert.

Amplify Learning Jede Person hat die Freiheit zu entscheiden, wann sie mit der Bearbeitung einer neuen Aufgabe beginnt. Dadurch wird die Überlastung von Personen vermieden. Jede Person kann diesen Freiraum immer dann zum Lernen nutzen, wenn sie der Meinung ist, dass dies Vorrang vor der Bearbeitung der nächsten Aufgabe hat.

Decide as Late as Possible Eine Aufgabe wird stets erst dann durch eine Person von einer Phase der Wertschöpfungskette in die nächste gezogen, wenn diese Person auch unmittelbar mit der Arbeit an dieser Aufgabe

beginnen kann. Jede Aufgabe verbleibt also so lange wie
nötig in jeder Phase der Wertschöpfungskette. Während der
Zeit, in der offen ist, welche Aufgaben als nächste in welche
Phasen gezogen werden, können weitere Informationen zu
diesen Aufgaben sich (passiv) ergeben oder (aktiv) eingeholt werden. Diese zusätzlichen Informationen können
die Entscheidung darüber erleichtern, welche Aufgaben als
nächste in welche Phasen gezogen werden.

Deliver as Fast as Possible Dadurch, dass sich jede
Person im Team erst dann eine neue Aufgabe nimmt, wenn
sie auch bereit dafür ist, wird der *Work in Progress* implizit
limitiert. Dies führt nach *Little's Law* zu einer geringeren
Durchlaufzeit (siehe Formel 3.1). Die geringere Durchlaufzeit erlaubt eine schnellere Lieferung der abgeschlossenen
Aufgaben an den Auftraggeber.

Empower the Team Jeder Person im Team wird ermöglicht, selbstorganisiert und eigenverantwortlich darüber zu
entscheiden, welche neue Aufgabe sie sich zur Bearbeitung
nimmt – diese Entscheidung erfolgt nicht fremdorganisiert.
Jede Person kann bei dieser Entscheidung äußere Rahmenbedingungen (etwa die Dringlichkeit einer Aufgabe) und
ihre eigene Einschätzung der Aufgabe berücksichtigen.

Mögliche Techniken, die das Element *Pull* realisieren,
sind

- *Continuous Integration* (siehe Abschnitt 6.4.2),
- *Testautomatisierung* (siehe Abschnitt 6.5.2) und
- *Kanban-Board* (siehe Abschnitt 6.7.1).

4.2.2 Limitierte Mengen

Die Anzahl der Aufgaben, die sich gleichzeitig in der Wertschöpfungskette befinden dürfen, ist limitiert. Ein solches Limit existiert für die Anzahl von Aufgaben in jeder Phase der Wertschöpfungskette und damit auch für die Anzahl von Aufgaben in der gesamten Wertschöpfungskette, reduziert also den *Work in Progress*. Darüber hinaus vermeidet die Limitierung der Anzahl von Aufgaben eine Überlastung von Personen und unterstützt den schnellen Abschluss von Aufgaben, erhöht also die *Average Completion Rate*.

Damit ermöglicht dieses Element die Bearbeitung von Aufgaben mit möglichst geringer Durchlaufzeit, denn sowohl ein reduzierter *Work in Progress* als auch eine erhöhte *Average Completion Rate* führen nach *Little's Law* zu einer geringeren Durchlaufzeit (siehe Formel 3.1). Der Fokus von Kanban auf eine möglichst geringe Durchlaufzeit von Aufgaben wird in diesem Element besonders deutlich.

Das Element *Limitierte Mengen* realisiert die folgenden Werte der schlanken Softwareentwicklung.

Eliminate Waste In Abschnitt 3.3 ist bereits beschrieben, dass auch die Bearbeitungdauer einer Aufgabe als Ballast angesehen wird, weil sie keinen Geschäftswert für den Auftraggeber darstellt. Der Ballast in Form von *Waiting* (siehe Abschnitt 3.5.2.1) wird reduziert.

Amplify Learning Personen werden entlastet, wenn die Anzahl der Aufgaben, die sie gleichzeitig bearbeiten können, limitiert ist. Dadurch wird im Idealfall jeder Person in einem Team Gelegenheit für die Reflexion über die eigene Arbeit und Zeit für individuelle Weiterbildung gegeben.

Decide as Late as Possible Solange eine Limitierung verhindert, dass eine Aufgabe von einer Phase der Wertschöpfungskette in die nächste gezogen werden kann, können weitere Informationen zu dieser Aufgabe sich (passiv) ergeben oder (aktiv) eingeholt werden. Diese zusätzlichen Informationen können die Bearbeitung der Aufgabe erleichtern.

Deliver as Fast as Possible Die Auswirkung einer expliziten Limitierung des *Work in Progress* ergibt sich direkt aus *Little's Law* in Form einer geringeren Durchlaufzeit (siehe Formel 3.1). Die geringere Durchlaufzeit erlaubt eine schnelle Lieferung der abgeschlossenen Aufgaben an den Auftraggeber.

Eine mögliche Technik, die das Element *Limitierte Mengen* realisiert, ist

- *Kanban-Board* (siehe Abschnitt 6.7.1).

4.2.3 Transparente Information

Transparente Information ist notwendig, damit Aufgaben selbstorganisiert und eigenverantwortlich bearbeitet werden können. Diese Transparenz muss konsequent für alle Aufgaben herrschen und jede Person in einem Team muss von dieser Transparenz profitieren.

Zu den wichtigsten transparenten Informationen gehören

- die Phasen der Wertschöpfungskette, die jede Aufgabe durchläuft;
- die Aufgaben, die sich in den Phasen der Wertschöpfungskette befinden;

- die Personen, die eine Aufgabe in einer Phase bearbeiten;
- die Limitierung der Anzahl von Aufgaben für jede Phase sowie
- Projektkennzahlen, die den Arbeitsfortschritt illustrieren.

Informationen sollten mit möglichst einfachen Arbeitsmittel transparent gemacht werden. Bevorzugen Sie, wann immer möglich, ein Whiteboard oder eine Metaplanwand, bevor Sie Informationen in Dateien oder über Anwendungen zugänglich machen. Wechseln Sie erst dann auf elektronische Arbeitmittel, wenn es keine Alternative dazu gibt.

Drei Gründe für diese Empfehlung sind

- die größere Flexibilität der einfachen Arbeitsmittel – ein Whiteboard oder eine Metaplanwand können leichter an projektindividuelle Rahmenbedingungen angepasst werden als eine Datei gestaltet oder eine Anwendung konfiguriert werden können;
- die leichtere Zugänglichkeit der einfachen Arbeitsmittel – es ist leichter, täglich mit einem Whiteboard oder einer Metaplanwand zu arbeiten als täglich eine Datei zu öffnen oder sich an einer Anwendung anzumelden;
- die direktere Erfahrbarkeit der einfachen Arbeitsmittel – Informationen auf einem Whiteboard oder einer Metaplanwand sind für jede Person buchstäblich greifbarer als Informationen in einer Datei oder einer Anwendung.

Es ist etwa auch bei verteilt arbeitenden Teams nicht unüblich, mehrere Whiteboards oder Metaplanwände täglich etwa durch kurze E-Mails oder Telefonanrufe zu synchronisieren, anstatt eine zentrale Datei oder Anwendung zu nutzen.

Das Element *Transparente Information* realisiert die folgenden Werte der schlanken Softwareentwicklung.

Eliminate Waste Werden alle wichtigen Informationen transparent (und kontinuierlich) gepflegt, so entsteht ein öffentlicher Statusbericht, der für jede Person jederzeit einsehbar ist. Dies kann eine Vielzahl täglicher kleiner Fragen („Wie weit sind wir eigentlich mit dieser Aufgabe?", „Wer kümmert sich eigentlich gerade um jene Aufgabe?") überflüssig machen. Der Ballast in Form von *Motion* (siehe Abschnitt 3.5.2.1) wird reduziert.

Amplify Learning Jede Person kann ihre individuellen Erfahrungen bei der Bearbeitung von Aufgaben jederzeit mit den veröffentlichten Informationen abgleichen. Damit ist jede Person im Team jederzeit in der Lage, auf Differenzen zwischen der gelebten und der veröffentlichten Wertschöpfungskette hinzuweisen. Auf dieser Basis können Anpassungen (entweder der gelebten oder der veröffentlichten) Wertschöpfungskette vorgenommen werden.

Decide as Late as Possible Ein Team kann auf Basis der veröffentlichten Informationen entscheiden, wann es notwendig ist, welcheAufgaben in welche Phasen der

Wertschöpfungskette zu ziehen. Insbesondere kann es den Wechsel einer Aufgabe von einer Phase in die nächste bewusst so lange wie möglich verzögern. Dadurch kann die Bearbeitung einer Aufgabe in einer Phase jeweils auf der Grundlage möglichst vollständiger Information erfolgen.

Deliver as Fast as Possible Ein Team kann auf Basis der veröffentlichten Informationen entscheiden, den Wechsel einer Aufgabe von einer Phase der Wertschöpfungskette in die nächste bewusst zu beschleunigen (etwa, weil es sich um eine besonders dringende Aufgabe handelt).

Empower the Team Veröffentlicht werden alle Informationen, die relevant für die tägliche Arbeit des Teams sind. Dies geschieht ausdrücklich mit der Absicht, dem Team eine selbstorganisierte und eigenverantwortliche Arbeit mit diesen Informationen zu ermöglichen. Dies betrifft zum einen die Arbeit mit den veröffentlichten Aufgaben, es betrifft aber auch die veröffentlichten Informationen selber. Das Team kann mehr, weniger oder geänderte Informationen einfordern, wenn es der Meinung ist, dass diese seine Arbeit verbessern.

Build Integrity in Eine Übersicht über alle Aufgaben, die sich gerade in der Wertschöpfungskette befinden, unterstützt die Möglichkeit, Zusammenhänge zwischen einzelnen Aufgaben zu erkennen. Diese Zusammenhänge können sowohl fachlicher als auch technischer Natur sein; in beiden Fällen kann die Berücksichtigung von Zusammenhängen dazu führen, durch die Abstimmung von Aufgaben aufeinander dem Anwender eine eher faszinierende als funktionierende Anwendung liefern zu können.

Mögliche Techniken, die das Element *Transparente Information* realisieren, sind

- *User Stories* (siehe Abschnitt 6.3.1),
- *Planungspoker* (siehe Abschnitt 6.3.2),
- *Code Reviews* (siehe Abschnitt 6.4.1),
- *Continuous Integration* (siehe Abschnitt 6.4.2),
- *Abnahmekriterien* (siehe Abschnitt 6.5.1),
- *Kanban-Board* (siehe Abschnitt 6.7.1),
- *Stand-Ups* (siehe Abschnitt 6.7.2) und
- *Retrospektiven* (siehe Abschnitt 6.7.3).

4.2.4 Kontinuierliche Verbesserung

Kanban ist geprägt vom Streben nach kontinuierlicher Verbesserung. Jedes Softwareentwicklungsprojekt wird als lebendig betrachtet und Änderungen von projektindividuellen Rahmenbedingungen (wie etwa Wissen, Personen, Termine oder Budget) sind ein natürlicher Bestandteil von jedem Softwareentwicklungsprojekt.

Jede Verbesserung besteht in einer Anpassung an projektindividuelle Rahmenbedingungen. Verbesserungen erfolgen unter aktiver Beteiligung von allen Personen in einem Team[2]. Sie geschehen auf der Ebene von Werten, Elementen und Techniken in der Absicht,

---

[2] Eine solche Atmosphäre wird auch mit dem japanischen Wort *kaizen* für kontinuierliche Verbesserung bezeichnet.

- neue Werte, Elemente oder Techniken einzuführen,
- bestehende Werte, Elemente und Techniken zu hinterfragen sowie
- nicht länger benötigte Werte, Elemente oder Techniken aufzugeben.

Dahinter wiederum steht das Ziel, den Geschäftswert der Arbeit für den Auftraggeber zu erhöhen, einen möglichst gleichmäßigen Arbeitsfortschritt zu etablieren und den Anteil von Ballast an der Arbeit des Auftragnehmers zu reduzieren (siehe Abschnitt 3.2).

Durch das Element der kontinuierlichen Verbesserung wird Kanban zu einem empirischen Vorgehensmodell, das konsequent aus seiner Vergangenheit lernt. Jede Verbesserung läuft in den folgenden fünf Schritten ab (siehe [1]).

1. Identifizieren Sie die größte Schwachstelle im Vorgehensmodell.
2. Beschließen Sie Maßnahmen, um die Leistung der Schwachstelle zu maximieren.
3. Setzen Sie die Maßnahmen aus dem zweiten Schritt mit höchster Priorität um.
4. Prüfen Sie, ob die Schwachstelle weiterhin die größte Schwachstelle im Vorgehensmodell ist – falls ja, beschließen Sie weitere Maßnahmen und setzen Sie sie mit höchster Priorität um, so dass die Schwachstelle anschließend nicht mehr die größte Schwachstelle im Vorgehensmodell ist.
5. Ruhen Sie sich nicht aus und fahren Sie mit dem ersten Schritt fort.

Da Kanban als Vorgehensmodell durch die Zusammenstellung seiner Elemente charakterisiert ist (siehe Abschnitt 2.5) und diese im Rahmen der kontinuierlichen

Verbesserung ständig hinterfragt werden, kann die kontinuierliche Verbesserung insbesondere dazu führen, dass
Kanban durch ein anderes Vorgehensmodell ersetzt oder
mit einem anderen Vorgehensmodell kombiniert wird.

Das Element *Kontinuierliche Verbesserung* realisiert die
folgenden Werte der schlanken Softwareentwicklung.

Eliminate Waste Im Rahmen der kontinuierlichen Verbesserung kann jede der sieben Arten von Ballast (siehe
Abschnitt 3.5.2.1) identifiziert und reduziert werden.

Amplify Learning Das empirische Vorgehen ermöglicht
es jeder Person in einem Team, aus Fehlern der Vergangenheit zu lernen. Die Erfahrungen, die im Rahmen der kontinuierlichen Verbesserung aufgedeckt werden, können die
Arbeit einzelner Personen oder die Arbeit des Teams be-
einflussen.

Empower the Team Ein Team ist nicht nur mit allen
Personen an der kontinuierlichen Verbesserung beteiligt –
jede Person in einem Team ist explizit zur aktiven Mitarbeit
aufgefordert. Es zählt zu den Rechten und Pflichten jeder
Person, die Gelegenheit zur kontinuierlichen Verbesserung
aktiv zu nutzen und dadurch Kanban ständig an projektindividuelle Rahmenbedingungen anzupassen.

Build Integrity in Im Rahmen der kontinuierlichen Verbesserung kann nicht nur das Vorgehensmodell, sondern
auch das Ergebnis davon – die entwickelte Anwendung –
auf den Prüfstand kommen. Das Team hat Gelegenheit, die
Bereiche der Anwendung zu identifizieren, die (obwohl vielleicht jeweils fehlerfrei und auftragsgemäß) nicht aufeinander abgestimmt entwickelt wurden. Dabei können Rückmeldungen von Anwendern und dem Auftraggeber berücksichtigt werden.

See the Whole Auch hier kann neben dem Vorgehensmodell die entwickelte Anwendung auf den Prüfstand kommen. Das Team hat Gelegenheit, die Bereiche der Anwendung zu identifizieren, in denen es zu lokaler Suboptimierung gekommen ist (etwa durch ein *Framework*, das aufgrund von Spezialwissen einzelner Personen vorschnell und unbedacht ausgewählt wurde). Dabei können Rückmeldungen von Anwendern und dem Auftraggeber berücksichtigt werden.

Mögliche Techniken, die das Element *Kontinuierliche Verbesserung* realisieren, sind

- *Code Reviews* (siehe Abschnitt 6.4.1),
- *Stand-Ups* (siehe Abschnitt 6.7.2) und
- *Retrospektiven* (siehe Abschnitt 6.7.3).

4.3 Elemente und Wertsysteme

Dieser Abschnitt fasst den Zusammenhang zwischen den Werten der schlanken Softwareentwicklung (siehe Abschnitt 3.5.2) und den vier charakterisierenden Elementen von Kanban (siehe Abschnitt 4.2) zusammen. Auf einen Blick wird in Abschnitt 4.3.2 nochmals deutlich, welche Elemente von Kanban welche Werte der schlanken Softwareentwicklung realisieren. Darüber hinaus wird sichtbar, dass Kanban ein Vorgehensmodell ist, das die Werte der schlanken Softwareentwicklung umfassend realisiert.

Um den Charakter von Kanban noch stärker herauszuarbeiten, erfolgt die gleiche Zusammenfassung in Abschnitt 4.3.1 zunächst jedoch für den Zusammenhang zwischen den

Werten der agilen Softwareentwicklung (siehe Abschnitt
3.5.1) und den vier charakterisierenden Elementen von
Kanban. Dies soll die Abgrenzung zwischen der agilen und
der schlanken Softwareentwicklung erleichtern.

4.3.1 Kanban und agile Softwareentwicklung

Tabelle 4.1 zeigt, welche Werte der agilen Softwareentwicklung (aufgeführt in den Zeilen) von welchen der charakterisierenden Elemente von Kanban (aufgeführt in den Spalten)
adressiert werden.

Aus der Übersicht wird deutlich, dass die Werte der
agilen Softwareentwicklung nicht umfassend durch die Elemente von Kanban realisiert werden. Insbesondere gibt es
kein Element in Kanban, das den Wert *Customer Collaboration* der schlanken Softwareentwicklung realisiert; der
Einsatz von Kanban kann, muss aber nicht in enger Zusammenarbeit mit dem Auftraggeber erfolgen. Sofern eine

Tabelle 4.1 Werte der agilen Softwareentwicklung und Elemente
von Kanban

	Pull	Limitierte Mengen	Transp. Information	Kontinuierl. Verbesserung
Individuals and Interactions	✓	–	✓	✓
Working Software	–	–	–	✓
Customer Collaboration	–	–	–	–
Responding to Change	✓	✓	✓	✓

enge Zusammenarbeit erfolgen soll, kann Kanban allerdings um ein Element (und eine Technik) erweitert werden, das diesen Wert realisiert.

Kanban ist bereits auch als ein Vorgehensmodell der agilen Softwareentwicklung bezeichnet worden. Dies lässt sich aus Tabelle 4.1 allerdings nicht ableiten. Ein Grund dafür mag sein, dass der agile Wert *Responding to Change*, der von allen Elementen von Kanban realisiert wird, als der wichtigste der vier Werte aus dem agilen Manifest (siehe Abschnitt 3.5.1) angesehen wird und sich über diesen Wert ein agiles Vorgehensmodell am deutlichsten von einem nicht-agilen Vorgehensmodell abgrenzen lässt.

Entscheiden Sie für sich, ob Sie Kanban zu den agilen Vorgehensmodellen zählen wollen.

4.3.2 Kanban und schlanke Softwareentwicklung

Tabelle 4.2 zeigt, welche Werte der schlanken Softwareentwicklung (aufgeführt in den Zeilen) von welchen der charakterisierenden Elemente von Kanban (aufgeführt in den Spalten) adressiert werden.

Es ist wenig überraschend, dass die Werte der schlanken Softwareentwicklung umfassend durch die Elemente von Kanban realisiert werden. Jedes Element von Kanban adressiert mehr als die Hälfte aller Werte der schlanken Softwareentwicklung, so dass sich ein ausgewogenes Gesamtbild ergibt.

Das Element *Transparente Information* adressiert dabei die meisten Werte und die Werte *Eliminate Waste* sowie *Amplify Learning* werden von allen Elementen adressiert.

Tabelle 4.2 Werte der schlanken Softwareentwicklung und Elemente von Kanban

	Pull	Limitierte Mengen	Transp. Information	Kontinuierl. Verbesserung
Eliminate Waste	✓	✓	✓	✓
Amplify Learning	✓	✓	✓	✓
Decide as Late as Possible	✓	✓	✓	–
Decide as Late as Possible	✓	✓	✓	
Empower the Team	✓	–	✓	✓
Build Integrity in	–	–	✓	✓
See the Whole	–	–	–	✓

Aufgrund dieser Schwerpunkte lässt sich Kanban also als transparentes Vorgehensmodell beschreiben, bei dem eine steile Lernkurve und eine Softwareentwicklung ohne Ballast im Vordergrund stehen.

4.4 Literaturhinweise

Zu jedem der vier charakterisierenden Elemente von Kanban finden sich ausführliche weitere Erläuterungen in [1].

Literaturverzeichnis

1. Anderson, D. J.: Kanban – Successful Evolutionary Change for Your Technology Business. Blue Hole Press (2010)

Kapitel 5
Kanban im Fokus

5.1 Einleitung

Dieses Kapitel leitet von den allgemeinen Elementen von
Kanban aus Kapitel 4 zu den konkreten Techniken in Kapitel 6 über. Es motiviert die ausgewählten konkreten Techniken, indem es den Anspruch von Kanban an verschiedene
Phasen und Rollen der Softwareentwicklung beschreibt.

Exemplarisch betrachtet (siehe Abschnitt 1.3) werden
dazu die folgenden Phasen der Wertschöpfungskette in
einem Softwareentwicklungsprojekt und die damit korres-
pondierenden Rollen in einem Team.

1. Requirements Engineering (siehe Abschnitt 5.2)
2. Entwicklung (siehe Abschnitt 5.3)
3. Qualitätssicherung (siehe Abschnitt 5.4)

   Zusätzlich betrachtet werden die folgenden Rollen.

- Projektmanagement (siehe Abschnitt 5.5)
- Auftraggeber (siehe Abschnitt 5.6)

T. Epping, *Kanban für die Softwareentwicklung*,
Informatik im Fokus, DOI 10.1007/978-3-642-22595-6_5,
© Springer-Verlag Berlin Heidelberg 2011

Die Personen, die sich auf die vier Rollen Requirements Engineering, Entwicklung, Qualitätssicherung und Projektmanagement verteilen, bilden das Team auf der Seite des Auftragnehmers.

5.2 Kanban aus Sicht des Requirements Engineering

Das Requirements Engineering umfasst alle Tätigkeiten, die mit der Erhebung, Dokumentation, Prüfung und Verwaltung von Anforderungen verbunden sind (siehe [4]). Eine Anforderung repräsentiert in diesem Zusammenhang den Geschäftswert von Arbeit für den Auftraggeber, wie er in Abschnitt 3.2 beschrieben ist. Aus Sicht des Auftragnehmers und unter Verwendung der exemplarischen Phasen und Rollen aus Abschnitt 1.3 wird eine Anforderung also bei einem vollständigen Durchlauf der Wertschöpfungskette durch die Phasen Requirements Engineering, Entwicklung und Qualitätssicherung gezogen und dabei von Personen in den Rollen Requirements Engineering, Entwicklung, Qualitätssicherung und Projektmanagement bearbeitet. Der Arbeitsfortschritt wird so als Anforderungsfluss sichtbar.

Jede Anforderung sollte dabei die Eigenschaften[1] besitzen, die unter dem Akronym INVEST[2] bekannt sind.

---

[1] Diese Eigenschaften beziehen sich hier und im Folgenden stets auf die Semantik einer Anforderung. Davon zu unterscheiden ist die Syntax einer Anforderung, für die es ebenfalls wünschenswerte Eigenschaften gibt. Deren Beschreibung ist jedoch nicht Bestandteil dieses Buches.

[2] Das Akronym INVEST wurde im Jahre 2003 von William C. Wake im Kontext des Vorgehensmodells *eXtreme Programming* geprägt (siehe [5]).

Independent	Sie ist inhaltlich unabhängig von anderen Anforderungen.
Negotiable	Sie ist diskutierbar und verhandelbar.
Valuable	Sie ist von Geschäftswert für den Auftraggeber.
Estimable	Sie ist schätzbar (dies bedeutet allerdings nicht, dass jede Anforderung auch geschätzt werden muss).
Small	Sie ist klein.
Testable	Sie ist testbar.

Die Anforderung „Die Ergebnisliste wird in einer Tabelle dargestellt. Die Darstellung orientiert sich an der Darstellung anderer bereits existierenden Tabellen." ist keine geeignete Anforderung, weil sie etwa zwar verhandelbar, jedoch inhaltlich abhängig von anderen Anforderungen und ihr Geschäftswert unklar ist.

Die Anforderung „Die Ergebnisliste wird in einer Tabelle dargestellt. Sie zeigt die Informationen (...) und soll eine schnelle Orientierung über diese Informationen ermöglichen." ist eine geeignete Anforderung mit einem klaren Geschäftswert. Die genaue Anordnung der Informationen (etwa ihre Reihenfolge oder Sortierung) und die genaue Art der Orientierung (etwa eine Suche oder Filterung) kann noch diskutiert und verhandelt werden.

Die Anforderung „Die Ergebnisliste wird in einer Tabelle dargestellt. Sie besteht aus den Spalten (...), die in der Reihenfolge (...) angeordnet sind. Davon sind die Spalten (...) nach den Kriterien (...) vorsortiert. Die Darstellung soll eine schnelle Orientierung über diese Informationen ermöglichen." ist keine geeignete Anforderung, weil sie etwa zwar einen klaren Geschäftswert hat, jedoch nicht verhandelbar ist.

Aus Sicht des Auftraggebers ist die Eigenschaft *Valuable* die wichtigste Eigenschaft jeder Anforderung (siehe Abschnitt 3.2). Aus Sicht von Kanban sind zusätzlich die Eigenschaften *Independent*, *Small* und *Testable* von großer Bedeutung. Ohne voneinander unabhängige und (möglichst gleichmäßig) kleine Anforderungen wird sich kein gleichmäßiger und limitierter Fluss von Anforderungen durch die Wertschöpfungskette einstellen, und ohne abschließend testbare Anforderungen ist nicht feststellbar, wann Anforderungen das Ende der Wertschöpfungskette erreicht haben. Corey Ladas formuliert die Eigenschaften *Valuable*, *Independent* und *Small* sogar als ein Axiom dafür, dass schlanke Softwareentwicklung überhaupt möglich ist[3] (siehe [1]).

Im Sinne der in Abschnitt 4.2 beschriebenen charakterisierenden Elemente von Kanban besteht an Personen in der Rolle des Requirements Engineering der Anspruch,

- Anforderungen zur Entwicklung bereitzustellen (*Pull*),
- der Limitierung entsprechend wenig Anforderungen gleichzeitig zur Entwicklung bereitzustellen (*Limitierte Mengen*) und

---

[3] Gleichzeitig merkt er an, dass dieses Axiom nicht auf die schlanke Softwareentwicklung beschränkt ist, sondern etwa auch für die agile Softwareentwicklung gilt.

- Anforderungen dem Team gegenüber zu erklären und in einen fachlichen Kontext einzubetten (*Transparente Information*).

Die Reihenfolge, in der Anforderungen zur Entwicklung bereitgestellt werden, wird durch die Prioritäten der Anforderungen bestimmt.

Als mögliche Kriterien zur Priorisierung einer Anforderung können etwa

- die Dringlichkeit der Anforderung,
- die Wichtigkeit der Anforderung,
- das Risiko der Anforderung

oder eine Kombination davon verwendet werden.

Die Dringlichkeit einer Anforderung kann etwa in den Kosten gemessen werden, die durch eine verzögerte Umsetzung der Anforderung entstehen. Dieses Maß ist als *Cost of Delay* bekannt.

Die Wichtigkeit einer Anforderung im Sinne der Höhe des Wertes, den diese Anforderung für den Auftraggeber trägt, kann etwa durch die Einstufung der Anforderung als *Must have*, *Should have*, *Could have* oder *Won't have* ausgedrückt werden. Diese Einstufung ist unter dem Akronym *MOSCOW* bekannt.

Allgemeiner können Anforderungen in verschiedene (von Auftraggeber oder Auftragnehmer festgelegte) Kategorien eingeteilt werden. Jede Anforderungskategorie kann mit einem *Service Level Agreement* zwischen Auftraggeber und Auftragnehmer verbunden werden.

Als mögliche Kategorien für eine Anforderung können
etwa

- die Priorität der Anforderung (etwa *dringend,
  wichtig, riskant*),
- der geschätzte Aufwand der Anforderung (etwa
  *weniger als ein Tag, weniger als eine Woche, weni-
  ger als ein Monat*),
- der Charakter der Anforderung (etwa *Weiterentwicklung, Fehlerbehebung*) oder
- die Art der Anforderung (etwa *funktional, nicht-
  funktional*)

verwendet werden.

Bei der Priorität einer Anforderung handelt es sich also lediglich um eine mögliche Kategorie aus einer Vielzahl
von vorstellbaren weiteren Kategorien. Für die Anforderungen jeder Kategorie kann mittels kategorieindividueller
Festlegungen der Durchlauf durch die Wertschöpfungskette beeinflusst werden, etwa durch die kategorieindividuelle
Limitierung der Anzahl von Anforderungen pro Phase der
Wertschöpfungskette.

5.3 Kanban aus Sicht der Entwicklung

Die Entwicklung transformiert den Geschäftswert einer Anforderung für den Auftraggeber in die Anwendung.

In dieser Phase der Wertschöpfungskette müssen besonders die Merkmale *Independent*, *Small* und *Testable* einer

Anforderung (siehe Abschnitt 5.2) aufgegriffen und genutzt werden. Diese Merkmale ermöglichen die Entwicklung einer Anforderung in isolierten, kleinen Schritten und erlauben einen definierten Abschluss der Entwicklung einer Anforderung.

Die Entwicklung einer Anforderung in isolierten, kleinen Schritten ist wichtig – sie ist eine Konsequenz aus dem Anspruch von Kanban, möglichst schnell Geschäftswert an den Auftraggeber liefern zu können. Die Schritte während der Entwicklung einer Anforderung müssen dafür sogar noch kleiner als der geschätzte Aufwand der Anforderung sein, weil jederzeit eine andere Anforderung das Ende der Wertschöpfungskette erreichen kann, die direkt an den Auftraggeber ausgeliefert werden muss. Die Anforderungen, die sich dann noch in der Wertschöpfungskette befinden, dürfen diese Auslieferung nicht stören. Jeder Schritt bei der Entwicklung einer Anforderung muss daher jederzeit mit dem Entwicklungsstand aller anderer Anforderungen vereinbar sein (siehe Abbildung 5.1).

Bei der Entwicklung von Anforderungen ist es aus Sicht von Kanban unerheblich, ob eher Generalisten oder eher Spezialisten an der Entwicklung beteiligt sind.

Sind bei der Entwicklung von Anforderungen eher Generalisten beteiligt, so kann die Entwicklung als eine einzige Phase der Wertschöpfungskette abgebildet werden. Sind bei der Entwicklung von Anforderungen eher Spezialisten beteiligt, so kann die Entwicklung durch mehrere Phasen der Wertschöpfungskette abgebildet werden, die den Spezialgebieten der beteiligten Personen entsprechen.

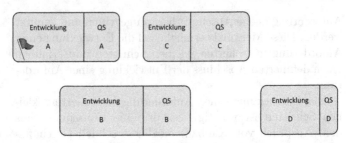

Abb. 5.1 Vier Anforderungen (A-D), die jeweils unterteilt sind in Entwicklung und Qualitätssicherung. Die Anforderungen A und B sowie die Anforderungen B und C werden teilweise parallel entwickelt und qualitätsgesichert. Nach Abschluss der Qualitätssicherung von Anforderung A kann eine Auslieferung an den Auftraggeber nur dann erfolgen, wenn dies mit dem Entwicklungsstand von Anforderung B vereinbar ist. Der Abschluss der Qualitätssicherung von Anforderung B fällt mit dem Abschluss der Entwicklung von Anforderung C zusammen. Der Abschluss der Qualitätssicherung von Anforderung C ist unabhängig von Anforderung D.

Im Sinne der in Abschnitt 4.2 beschriebenen charakterisierenden Elemente von Kanban besteht an Personen in der Rolle der Entwicklung der Anspruch,

- selbstorganisiert und eigenverantwortlich mit der Entwicklung von Anforderungen zu beginnen sowie entwickelte Anforderungen zur Qualitätssicherung bereitzustellen (*Pull*),
- der Limitierung entsprechend wenig Anforderungen gleichzeitig zu entwickeln (*Limitierte Mengen*) und
- Fortschritt sowie Probleme während der Entwicklung von Anforderungen anzusprechen (*Transparente Information*).

5.4 Kanban aus Sicht der Qualitätssicherung

Die Qualitätssicherung validiert den Geschäftswert einer Anforderung für den Auftraggeber und verifiziert seine Transformation durch die Entwicklung in die Anwendung.

Auch in dieser Phase der Wertschöpfungskette müssen – analog zur Entwicklung – besonders die Merkmale *Independent*, *Small* und *Testable* einer Anforderung (siehe Abschnitt 5.2) aufgegriffen und genutzt werden. Diese Merkmale ermöglichen die Qualitätssicherung einer Anforderung in isolierten, kleinen Schritten und erlauben einen definierten Abschluss der Qualitätssicherung einer Anforderung.

Der Anspruch von Kanban, möglichst schnell Geschäftswert an den Auftraggeber liefern zu können, bedingt auch die Qualitätssicherung einer Anforderung in Schritten, die kleiner als der geschätzte Aufwand der Anforderung sind. Jederzeit kann eine andere Anforderung das Ende der Entwicklung erreichen, die möglichst schnell an den Auftraggeber ausgeliefert werden muss. Daher muss es möglich sein, die Qualitätssicherung der niedriger priorisierten Anforderungen zu unterbrechen, um die höher priorisierte Anforderung qualitätszusichern (siehe Abbildung 5.2).

In Abhängigkeit von der Kategorie einer Anforderung kann die Phase der Qualitätssicherung auch allgemeiner verstanden werden. Beschreibt eine Anforderung etwa die Notwendigkeit nach Lieferung eines technischen Dokuments, so kann dieses Dokument in der

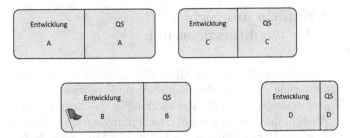

Abb. 5.2 Vier Anforderungen (A-D), die jeweils unterteilt sind in Entwicklung und Qualitätssicherung. Die Anforderungen A und B sowie die Anforderungen B und C werden teilweise parallel entwickelt und qualitätsgesichert. Der Abschluss der Entwicklung von Anforderung B fällt in die Qualitätssicherung von Anforderung A. Eine möglichst schnelle Qualitätssicherung von Anforderung B kann nur erfolgen, wenn die Qualitätssicherung von Anforderung A unterbrochen werden kann.

Phase der Entwicklung erstellt werden und in der Phase der Qualitätssicherung ein *Review* durchlaufen. Sowohl in der Phase der Entwicklung als auch in der Phase der Qualitätssicherung wird die Anforderung dann von Personen in der Rolle der Entwicklung bearbeitet.

Es gibt also im Allgemeinen keine eindeutige Zuordnung von Rollen zu Phasen der Wertschöpfungskette.

Im Sinne der in Abschnitt 4.2 beschriebenen charakterisierenden Elemente von Kanban besteht an Personen in der Rolle der Qualitätssicherung der Anspruch,

- selbstorganisiert und eigenverantwortlich mit der Qualitätssicherung von Anforderungen zu beginnen sowie qualitätsgesicherte Anforderungen für den Auftraggeber bereitzustellen (*Pull*),
- der Limitierung entsprechend wenig Anforderungen gleichzeitig qualitätszusichern (*Limitierte Mengen*) und
- Fortschritt sowie Probleme während der Qualitätssicherung von Anforderungen anzusprechen (*Transparente Information*).

5.5 Kanban aus Sicht des Projektmanagements

Das *Project Management Institute* (siehe [2]) gibt die folgende Definition von Projektmanagement.

Project Management is the application of knowledge, skills, tools and techniques to project activities to meet project requirements.

An Personen in der Rolle des Projektmanagements besteht der Anspruch, Kanban im Sinne der in Abschnitt 4.2 beschriebenen charakterisierenden Elemente zu pflegen.

Pull Das Projektmanagement fördert jede Person im Team so, dass ihr eine selbstorganisierte und eigenverantwortliche Arbeit möglich ist. Ein großer Teil dieser Förderung besteht darin, jeder Person im Team Vertrauen entgegenzubringen – etwa Vertrauen darauf, dass jede Person stets die Bearbeitung von Anforderungen übernimmt, die sie nach bestem Wissen und Gewissen bearbeiten kann und keine Person das Element *Pull* dazu missbraucht, um die Bearbeitung von Anforderungen zu verzögern. Das Projektmanagement selbst verteilt keine Anforderungen.

Dem Auftraggeber gegenüber kann das Projektmanagement das Element *Pull* etwa für die Auslieferung der Anwendung anbieten. Bietet der Auftragnehmer entsprechende technische Möglichkeiten an, so kann der Auftraggeber die Auslieferung der Anwendung jederzeit selbst initiieren. Der Anspruch an die Entwicklung und Qualitätssicherung in kleinen, isolierten Schritten (siehe Abschnitt 5.3 und 5.4) gewinnt in diesem Fall weiter an Bedeutung.

Limitierte Mengen Das Projektmanagement achtet darauf, dass die Limitierung der Anzahl von Anforderungen für jede Phase der Wertschöpfungskette eingehalten wird. Dabei überprüft es kontinuierlich, ob die gewählte Limitierung einen gleichmäßigen Fluss von Anforderungen durch die Wertschöpfungskette ermöglicht. Ein unregelmäßiger oder stockender Fluss von Anforderungen weist auf einen Engpass in der Wertschöpfungskette hin, der im Rahmen der kontinuierlichen Verbesserung behandelt werden muss (siehe Abschnitt 4.2.4). Neben einer phasenbezogenen Limitierung kann das Projektmanagement zusätzlich eine Limitierung der Anzahl von Anforderungen bezogen auf Anforderungskategorien (siehe Abschnitt 5.2) vorschlagen.

Dem Auftraggeber gegenüber vertritt das Projektmanagement die Limitierung der Anzahl von Anforderungen, die das Team gleichzeitig bearbeitet. Es verhindert eine Verletzung der gewählten Limitierung durch den Auftraggeber und erläutert ihm die Gründe dafür.

Transparente Information Das Projektmanagement sorgt dafür, dass alle wichtigen Informationen (Phasen,

Aufgaben, Personen, Limitierungen, Projektkennzahlen; siehe Abschnitt 4.2.3) für jede Person transparent sind.

Es macht darüber hinaus auch die Ziele der Werte, Elemente und Techniken von Kanban transparent. Jedes Ziel sollte dabei die Eigenschaften besitzen, die unter dem Akronym SMART[4] bekannt sind.

Specific	Es ist spezifisch.
Measurable	Es ist messbar.
Achievable	Es ist erreichbar.
Relevant	Es ist relevant.
Time-boxed	Es ist zeitbeschränkt.

> Das Ziel „Wir wollen mit Kanban besser werden." ist kein SMARTes Ziel.
>
> Das Ziel „Wir wollen mit Kanban innerhalb der nächsten drei Monate die durchschnittliche Durchlaufzeit für die Qualitätssicherung einer Anforderung auf maximal zwei Tage senken." ist ein SMARTes Ziel.

Die Messbarkeit und Messung von Zielen äußert sich in den Projektkennzahlen, die Teil der transparenten Information sind. Dem Auftraggeber gegenüber kann das Projektmanagement diese Projektkennzahlen als transparente Information über einen gleichmäßigen Anforderungsfluss anbieten. Damit werden sie ein Bestandteil einer vertrauensvollen Zusammenarbeit.

---

[4] Das Akronym SMART wurde im Jahre 2003 von William C. Wake im Kontext des Vorgehensmodells *eXtreme Programming* (siehe [5]) geprägt.

Kontinuierliche Verbesserung Das Projektmanagement fördert eine angstfreie, respekt- und vertrauensvolle Atmosphäre innerhalb des Teams. Es schafft damit ein Umfeld, in dem eine kontinuierliche Verbesserung möglich wird. Als Grundlage dafür steuert es empirische Fakten (etwa Projektkennzahlen) bei. Auf dieser Grundlage ermöglicht es jeder Person im Team aktive Beiträge zur kontinuierlichen Verbesserung. Das Projektmanagement trägt als gleichberechtigt zur kontinuierlichen Verbesserung bei, ist jedoch nicht allein verantwortlich dafür.

Dem Auftraggeber gegenüber kann das Projektmanagement eine kontinuierliche Verbesserung etablieren, indem es etwa einen regelmäßigen, empirischen und faktenbasierten Informationsaustausch anbietet.

5.6 Kanban aus Sicht des Auftraggebers

Der Auftraggeber kann sich entscheiden, ob er den Einsatz von Kanban beim Auftragnehmer

- ignoriert,
- passiv unterstützt oder
- aktiv unterstützt.

Unabhängig von dieser Entscheidung ist der Einsatz von Kanban beim Auftragnehmer möglich (siehe Abbildung 5.3). Insbesondere kann Kanban auch mit einem anderen Vorgehensmodell kombiniert werden, wenn der Auftraggeber ein anderes Vorgehensmodell einfordert.

Ignoriert der Auftraggeber den Einsatz von Kanban, so hat der Auftragnehmer die Möglichkeit einer Informa-

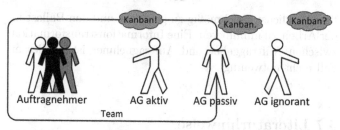

Abb. 5.3 Der Auftraggeber (AG) kann sich entscheiden, ob er den Einsatz von Kanban beim Auftragnehmer ignoriert, passiv unterstützt oder aktiv unterstützt. Bei aktiver Unterstützung wird der Auftraggeber Teil des Teams.

tionstransformation. Eine solche Informationstransformation findet dann sowohl vor der Wertschöpfungskette als auch nach der Wertschöpfungskette des Auftragnehmers statt. Sie dient dazu, alle eingehenden Informationen in eine für die Arbeit mit Kanban und alle ausgehenden Informationen in eine für den Auftraggeber passende Form zu transformieren. Sie findet ohne Kenntnis des Auftraggebers statt.

Unterstützt der Auftraggeber den Einsatz von Kanban passiv, so akzeptiert er ihn grundsätzlich, leistet jedoch keine aktiven Beitrag. Auch in diesem Fall hat der Auftragnehmer die Möglichkeit einer Informationstransformation, die dann jedoch mit Kenntnis des Auftraggebers stattfindet.

Unterstützt der Auftraggeber den Einsatz von Kanban aktiv, so wird der Auftraggeber Teil des Teams. Er verfolgt dann mit genau den gleichen Rechten und Pflichten wie der Auftragnehmer das Ziel, den Geschäftswert der (gemeinsamen) Arbeit zu maximieren, den Anforderungs-

fluss möglichst gleichmäßig zu gestalten und den Ballast in
der Arbeit zu minimieren. Eine Informationstransformation
zwischen Auftraggeber und Auftragnehmer ist in diesem
Fall nicht notwendig.

5.7 Literaturhinweise

Weitere Möglichkeiten zur Kategorisierung von Anforderungen durch das Requirements Engineering sind in [4] beschrieben.

Empfehlungen zur Förderung von selbstorganisierter
und eigenverantwortlicher Arbeit (darunter etwa SMARTe
Ziele) in einem Team finden sich in [3].

Literaturverzeichnis

1. Ladas, C.: Scrumban. Modus Cooperandi Press (2008)
2. Project Management Institute. (Ohne Datum)
   http://www.pmi.org. Stand 11.03.2011
3. Rothman, J., Derby, E.: Behind Closed Doors. Secrets of Great
   Management. Pragmatic Bookshelf (2005)
4. Rupp, C.: Requirements-Engineering und -Management.
   Hanser (2007)
5. Wake, W. C.: INVEST in Good Stories, and SMART Tasks.
   (2003)
   http://xp123.com/articles/invest-in-good-stories-and-smart-
   tasks/. Stand 11.03.2011

Kapitel 6
Kanban in der Praxis

6.1 Einleitung

Dieses Kapitel nennt ausgewählte konkrete Techniken für den Einsatz von Kanban in einem Softwareentwicklungsprojekt. Abschnitt 6.2 fasst zunächst die nun vollständige Beschreibung von Kanban durch Werte, Elemente und Techniken zusammen. Anschließend werden für jede der folgenden exemplarischen Rollen (siehe Abschnitt 1.3) Techniken genannt.

- Requirements Engineering (siehe Abschnitt 6.3)
- Entwicklung (siehe Abschnitt 6.4)
- Qualitätssicherung (siehe Abschnitt 6.5)
- Projektmanagement (siehe Abschnitt 6.6)

Zusätzlich zu diesen rollenbezogenen Techniken nennt Abschnitt 6.7 rollenübergreifende Techniken.

Grundlage für alle Beispiele in diesem Kapitel ist ein Softwareentwicklungsprojekt der Firma *Cologne Intelli-*

T. Epping, *Kanban für die Softwareentwicklung*,
Informatik im Fokus, DOI 10.1007/978-3-642-22595-6_6,
© Springer-Verlag Berlin Heidelberg 2011

gence GmbH, an dem der Autor in der Rolle des Projektmanagements beteiligt war. Alle Beispiele in diesem Kapitel stammen, soweit nicht anders angegeben, aus dem Zeitraum Anfang April 2010 bis Ende November 2010[1]. Das Ergebnis einer Überprüfung dieser Techniken nach diesem Zeitraum fasst Abschnitt 6.8 zusammen.

Aus Gründen der Vertraulichkeit sind einige Beispiele anonymisiert.

Unser Team bestand aus sieben (zwischenzeitlich acht) Personen. Alle in Abschnitt 1.3 genannten Rollen waren vertreten: Requirements Engineering (eine Person), Entwicklung (vier Personen), Qualitätssicherung (eine Person, zwischenzeitlich zwei Personen) und Projektmanagement (eine Person). Unser Team war in kleinerem Maße sowohl zeitlich (Personen in Teilzeit) als auch räumlich (Personen aufgeteilt auf zwei Büroräume) verteilt.

Der Auftraggeber war regelmäßig, aber nicht kontinuierlich, für uns verfügbar. Er wurde auf unserer Seite durch die Person in der Rolle des Requirements Engineering vertreten.

Wir haben parallel an der Neuentwicklung von zwei Anwendungen gearbeitet.

---

[1] In diesem Projekt haben wir vor Anfang April 2010 das iterativ-inkrementelle Vorgehensmodell *Scrum* (siehe [7]) eingesetzt. Dieses Vorgehensmodell haben wir jedoch ab Anfang April 2010 aufgegeben und mit der Einführung von Kanban durch ein Vorgehensmodell mit einem gleichmäßigen Anforderungsfluss abgelöst. Einige Techniken, die wir für Scrum genutzt haben, haben wir auch für Kanban beibehalten.

6.2 Von Werten zu Techniken

Die Techniken, die dieses Kapitel beschreibt, vervollständigen Abbildung 4.1 (siehe Abbildung 6.1).

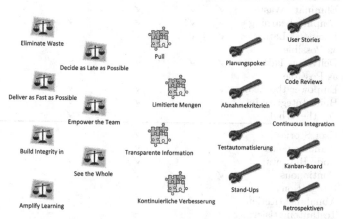

Abb. 6.1 Die sieben Werte der schlanken Softwareentwicklung zusammen mit den vier charakterisierenden Elementen von Kanban und neun projektindividuellen Techniken.

Ergänzend zu dieser Darstellung von Werten, Elementen und Techniken liefert Tabelle 6.1 eine Übersicht darüber, welche Werte von welchen Elementen und welche Elemente von welchen Techniken realisiert werden. Der obere Teil dieser Tabelle ist projektunabhängig und entspricht Tabelle 4.2 aus Abschnitt 4.3.2. Der untere Teil hingegen ist projektindividuell. Er zeigt, dass die Techniken, die in diesem Kapitel beschrieben werden, dem Element *Transparente Information* einen sehr hohen Stellenwert einräumen.

Tabelle 6.1 Die sieben Werte der schlanken Softwareentwicklung zusammen mit den vier charakterisierenden Elementen von Kanban und neun projektindividuellen Techniken

	Pull	Limitierte Mengen	Transp. Information	Kontinuierl. Verbesserung
Eliminate Waste	✓	✓	✓	✓
Amplify Learning	✓	✓	✓	✓
Decide as Late as Possible	✓	✓	✓	−
Deliver as Fast as Possible	✓	✓	✓	−
Empower the Team	✓	−	✓	✓
Build Integrity in	−	−	✓	✓
See the Whole	−	−	−	✓
User Stories	−	−	✓	−
Planungspoker	−	−	✓	−
Code Reviews	−	−	✓	✓
Continuous Integration	✓	−	✓	−
Abnahmekriterien	−	−	✓	−
Testautomatisierung	✓	−	−	−
Kanban-Board	✓	✓	✓	−
Stand-Ups	−	−	✓	✓
Retrospektiven	−	−	✓	✓

Bitte beachten Sie, dass die Techniken in diesem Kapitel aufgrund von projektindividuellen Rahmenbedingungen ausgewählt und auf projektindividuelle Rahmenbedingungen zugeschnitten worden sind. Es kann, muss aber nicht, sein, dass diese Techniken für Sie nützlich sind. Zur Erinnerung daher an dieser Stelle noch einmal der Gebrauchshinweis für Kanban (siehe Abschnitt 1.4).

Kanban is giving people permission to think for themselves. It is giving people permission to be different: different from the team across the floor, on the next floor, in the next building, and at a neighboring firm. It is giving people permission to deviate from the textbook.

6.3 Techniken für das Requirements Engineering

Abschnitt 5.2 formuliert an die Rolle des Requirements Engineering unter anderem den Anspruch von Kanban, Anforderungen (als Träger des Geschäftswerts für den Auftraggeber) zur Entwicklung bereitzustellen sowie dem restlichen Team gegenüber zu erklären und in einen fachlichen Kontext einzubetten. Dieser Abschnitt beschreibt nun die zwei Techniken

- User Stories (zur Formulierung von Anforderungen) und
- Planungspoker (zur Erklärung von Anforderungen dem Team gegenüber, verbunden mit einer Diskussion und Aufwandsschätzung),

mit denen dieser Anspruch erfüllt werden kann.

Alle Anforderungen haben wir in einem öffentlichen *Backlog*, einer priorisierten Anforderungsliste, gehalten. Die Prioritäten hat der Auftraggeber regelmäßig vergeben und aktualisiert.

Das Backlog bestand für jede Anforderung aus den folgenden sechs Spalten.

1. Die Anwendungen, auf die sich die Anforderung bezieht.
2. Die eindeutige ID der Anforderung.
3. Die Kurzbeschreibung der Anforderung.
4. Die Priorität der Anforderung (vergeben durch den Auftraggeber).
5. Der von uns geschätzte Aufwand für Entwicklung und Qualitätssicherung der Anforderung.
6. Das Release, mit dem die Anforderung an den Auftraggeber ausgeliefert wurde.

Alle Anforderungen haben wir in Form von User Stories (siehe Abschnitt 6.3.1) erhoben, so dass jede Anforderung entweder Bestandteil oder identisch mit einer User Story war. Den Aufwand für jede User Story haben wir mit Hilfe von Planungspoker (siehe Abschnitt 6.3.2) geschätzt.

6.3.1 User Stories

Mike Cohn definiert eine User Story wie folgt (siehe [2]).

A user story describes functionality that will be valuable to either a user or purchaser of a system or software. User stories are composed of three aspects:

- a written description of the story used for planning and as a reminder
- conversations about the story that serve to flesh out the details of the story

- tests that convey and document details and that can be used to determine when a story is complete

Jede User Story zerfällt in eine oder mehre Anforderungen, die die unter dem Akronym INVEST bekannten Eigenschaften (siehe Abschnitt 5.2) besitzen. Diese Anforderungen bilden die geschäftswerttragenden Einheiten für die Entwicklung und die Qualitätssicherung. Die begleitenden Tests einer User Story werden in Abschnitt 6.5.1 aus Sicht der Qualitätssicherung als die Abnahmekriterien einer User Story beschrieben.

Eine User Story wird üblicherweise aus Sicht des Auftraggebers in der folgenden Form formuliert (siehe [2]).

Als < Rolle >
möchte ich < geschäftswerttragender Wunsch >,
weil < Begründung des Geschäftswertes >.

Abbildung 6.2 zeigt die Vorlage für eine User Story, wie wir sie für die Diskussion und Aufwandsschätzung durch das Team verwendet haben. Die Vorlage besteht aus den folgenden Elementen.

- Die Anwendungen, auf die sich die User Story bezieht.
- Die Formulierung der User Story in der üblichen Form.
- Vorgaben durch den Auftraggeber, die erfüllt werden müssen.
- Rahmenbedingungen auf unserer Seite oder auf der Seite des Auftraggebers, die beachtet werden müssen.

- Unverbindliche Vorschläge zur Umsetzung der User Story.
- Eine Auswahl von Querschnittsthemen, die bei der Entwicklung und Qualitätssicherung der User Story beachtet werden müssen.
- Mögliche Erweiterungen der User Story zur Aufnahme in das Backlog.

Als Kategorien für eine User Story (siehe Abschnitt 5.2) haben wir also

- die Anwendungen und
- die Querschnittsthemen

verwendet. Eine weitere Kategorie ist in Abschnitt 6.7.1 beschrieben.

Abnahmekriterien haben wir nicht für alle, sondern nur für ausgewählte User Stories formuliert.

Mit der Technik *User Stories* haben wir das Element

- *Transparente Information* (alle Anforderungen mitsamt ihrer Priorisierung durch und ihrem Geschäftswert für den Auftraggeber waren öffentlich)

und damit die dahinter liegenden Werte

- *Eliminate Waste*
- *Amplify Learning*
- *Decide as Late as Possible*
- *Deliver as Fast as Possible*
- *Empower the Team*
- *Build Integrity in*

von Kanban realisiert.

□ Anwendung A   □ Anwendung B

„Als <Rolle> möchte ich <Anforderung>, weil <Grund>."

Vorgaben

Rahmenbedingungen

Vorschläge Umsetzung

Querschnittsthemen

□ Performance	□ Skalierbarkeit	□ Qualitätssicherung
□ Datenschutz	□ Ausfallsicherheit	□ Auskunftsfähigkeit
□ Gesetzliche Vorgaben	□ Usability	

Ausbaustufen zur Aufnahme in Backlog

Abb. 6.2 Die Vorlage für eine User Story, wie wir sie für die Diskussion und Aufwandsschätzung durch das Team verwendet haben.

6.3.2 Planungspoker

Der Aufwand für eine User Story kann mit Hilfe von Planungspoker geschätzt werden. Neben der Aufwandsschätzung dient Planungspoker auch der Diskussion von User Stories durch das Team.

Mike Cohn beschreibt den Ablauf von Planungspoker wie folgt (siehe [3]).

> Planning poker combines expert opinion, analogy, and disaggregation into an enjoyable approach to estimating that results in quick but reliable estimates.
> Participants in planning poker include all of the developers on the team. Remember that *developers* refers to all

programmers, testers, database engineers, analysts, user in-
teraction designers, and so on. [...] The product owner[2] par-
ticipates in planning poker but does not estimate.

At the start of planning poker, each estimator ist given
a deck of cards. Each card has written on it one of the valid
estimates. [...]

For each user story or theme to be estimated, a moderator reads the description. The moderator is usually the
product owner or an analyst. [...] The product owner ans-
wers any questions that the estimators have. [...] The goal
in planning poker is not to derive an estimate that will
withstand all future scrutiny. [...]

After all questions are answered, each estimator priva-
tely selects a card representing his or her estimate. Cards
are not shown until each estimator has made a selection.
At that time, all cards are simultaneously turned over and
shown so that all participants can see each estimate.

It is very likely at this point that the estimates will differ
significantly. This is actually good news. If estimates differ,
the high and low estimators explain their estimates. [...]

The group can discuss the story and their estimates for
a few more minutes. The moderator can take any notes she
thinks will be helpful when this story is being programmed
and tested. After the discussion, each estimator re-estimates
by selecting a card. Cards are once again kept private until
everyone has estimated, at which point they are turned over
at the same time.

In many cases, the estimates will already converge by
the second round. But if they are not, continue to repeat
the process. The goal is for the estimators to converge on
a single estimate that can be used for the story. [...] Again,
the point is not absolute precision but reasonableness.

Abbildung 6.3 zeigt ein Beispiel für einen Satz von
Karten zur Aufwandsschätzung. Die Einheit der Schätzung
kann beliebig gewählt werden (etwa mit Zeitbezug als ideale

---

[2] Der *Product Owner* entspricht in unserem Fall der Person in
der Rolle des Requirements Engineering.

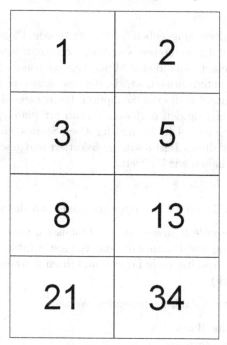

Abb. 6.3 Ein Beispiel für einen Satz von Karten zur Aufwandsschätzung im Planungspoker. Die Einheit der Schätzung kann beliebig gewählt werden (etwa mit Zeitbezug als ideale Personentage oder ohne Zeitbezug als erwartete Komplexität). Bei den Zahlen handelt es sich um die ersten acht Fibonacci-Zahlen.

Personentage oder ohne Zeitbezug als erwartete Komplexität).

Einige Zeit lang fand Planungspoker bei uns zunächst in Form eines regelmäßigen Termins (einmal in der Woche) statt. Diesen regelmäßigen Termin haben

wird jedoch aufgegeben und statt dessen Planungspoker an der konkreten Nachfrage von Anforderungen
ausgerichtet. Sobald eine Mindestmenge von Anforderungen unterschritten wurde, die geschätzt und bereit
zum Eintritt in die Wertschöpfungskette waren, haben
wir kurzfristig den nächsten Termin für Planungspoker festgelegt. Die Menge der User Stories, die wir
während dieses Termins dann diskutiert und geschätzt
haben, haben wir limitiert.

Mit der Technik *Planungspoker* haben wir das Element

- *Transparente Information* (die Diskussion über jede Anforderung und Lösungsalternativen sowie Informationen
  über die resultierende Lösung und ihren Aufwand waren
  öffentlich)

und damit die dahinter liegenden Werte

- *Eliminate Waste*
- *Amplify Learning*
- *Decide as Late as Possible*
- *Deliver as Fast as Possible*
- *Empower the Team*
- *Build Integrity in*

von Kanban realisiert.

6.4 Techniken für die Entwicklung

Abschnitt 5.3 formuliert den Anspruch von Kanban an
eine selbstorganisierte und eigenverantwortliche Entwicklung, die entwickelte Anforderungen zur Qualitätssiche-

rung bereitstellt. Dieser Abschnitt beschreibt die zwei Techniken

- Code Reviews (zur selbstorganisierten und eigenverantwortlichen Entwicklung) und
- Continuous Integration (zur Bereitstellung von teilweise oder vollständig entwickelten Anforderungen zur Qualitätssicherung),

mit denen dieser Anspruch erfüllt werden kann.

6.4.1 Code Reviews

Ein Code Review bietet eine Gelegenheit zum Informationsaustausch und zur Diskussion über die technischen Lösungen, mit denen Anforderungen entwickelt wurden. Inhaltlich muss sich ein Code Review jedoch nicht – wie der Name suggeriert – auf entwickelten Code beschränken, sondern kann auch etwa organisatorische Themen umfassen, die für die Entwicklung von Bedeutung sind. An einem Code Review nehmen alle Personen in der Rolle der Entwicklung teil. Personen in anderen Rollen nehmen nicht an einem Code Review teil.

Im Rahmen der Diskussion können technische Lösungen identifiziert werden, für die jeweils ein Refactoring (eine Umstrukturierung von Code ohne Änderung des Verhaltens der Anwendung) notwendig ist. Die Identifikation solcher Stellen im Code ist ein wichtiges Ergebnis eines Code Review und mündet in eine oder mehrere User Stories, die dem Auftraggeber zur Priorisierung vorgelegt werden. Damit dieser sie priorisieren kann, muss die Entwicklung zusammen mit jeder User Story eine Begründung dafür vor-

legen, warum die User Story einen Geschäftswert für den
Auftraggeber trägt.

> Zunächst haben wir ein mehrstündiges Code Review
> nach jedem Release durchgeführt, später dann ein
> Code Review regelmäßig alle zwei Wochen mit einer
> Dauer von jeweils einer Stunde. Die Dauer haben wir
> nach einiger Zeit auf 1,5 Stunden ausgedehnt.
>
> Besprochen haben wir bei diesen Terminen übli-
> cherweise ausgewählte technische Lösungen, die über-
> durchschnittlich komplex waren und für die noch kein
> gemeinsames Verständnis vorhanden war.

Mit der Technik *Code Reviews* haben wir die Elemente

- *Transparente Information* (die Diskussion über technische Lösungen sowie Informationen über ein notwendiges
  Refactoring waren öffentlich)
- *Kontinuierliche Verbesserung* (technische Lösungen
  wurden hinterfragt und bei Bedarf verbessert)

und damit die dahinter liegenden Werte

- *Eliminate Waste*
- *Amplify Learning*
- *Decide as Late as Possible*
- *Deliver as Fast as Possible*
- *Empower the Team*
- *Build Integrity in*
- *See the Whole*

von Kanban realisiert.

6.4.2 Continuous Integration

Martin Fowler definiert Continuous Integration wie folgt (siehe [6]).

> Continuous Integration is a software development practice where members of a team integrate their work frequently, usually each person integrates at least daily – leading to multiple integrations per day. Each integration is verified by an automated build (including test) to detect integration errors as quickly as possible. Many teams find that this approach leads to significantly reduced integration problems and allows a team to develop cohesive software more rapidly.

Damit geht Continuous Integration über den Anspruch, entwickelte Anforderungen zur Qualitätssicherung bereitzustellen, in zweierlei Hinsicht hinaus. Zum einen beinhaltet Continuous Integration auch die direkte, automatisierte Durchführung der Qualitätssicherung der bereitgestellten Anforderungen (aus diesem Grund ist Continuous Integration ebenso eine Technik zur Qualitätssicherung), zum anderen fordert Continuous Integration die regelmäßige Bereitstellung von Anforderungen auch dann, wenn sie noch nicht vollständig entwickelt sind.

Die Notwendigkeit der Entwicklung einer Anforderung in kleinen Schritten, die kleiner als der geschätzte Aufwand der Anforderung sind, wurde bereits in Abschnitt 5.3 beschrieben. Durch Continuous Integration kann jeder dieser kleinen Schritte qualitätsgesichert und auf seine Vereinbarkeit mit dem Entwicklungsstand aller anderen Anforderungen geprüft werden. Dies unterstützt eine möglichst schnelle Auslieferung des Geschäftswerts von Anforderungen an den Auftraggeber bei einem möglichst gleichmäßigen Anforderungsfluss.

Wir haben Continuous Integration unter anderem
für die regelmäßige, automatisierte Ausführung aller
Unit-Tests für beide Anwendungen eingesetzt. Ebenso
haben wir mittels Continuous Integration den jeweils
aktuellen Stand beider Anwendungen auf verschiedenen Umgebungen zur Verfügung gestellt. Damit
verbunden war jeweils auch die passende Initiali-
sierung von Datenbanken.

Mit der Technik *Continuous Integration* haben wir die
Elemente

- *Pull* (entwickelte Anforderungen wurden in kleinen
  Schritten bereitgestellt)
- *Transparente Information* (entwickelte Anforderungen
  waren in kleinen Schritten öffentlich)

und damit die dahinter liegenden Werte

- *Eliminate Waste*
- *Amplify Learning*
- *Decide as Late as Possible*
- *Deliver as Fast as Possible*
- *Empower the Team*
- *Build Integrity in*

von Kanban realisiert.

6.5 Techniken für die Qualitätssicherung

Abschnitt 5.4 formuliert den Anspruch von Kanban an eine
selbstorganisierte und eigenverantwortliche Qualitätssicherung, die qualitätsgesicherte Anforderungen für den Auf-

traggeber bereitstellt. Dieser Abschnitt beschreibt die zwei Techniken

- Abnahmekriterien (zur Festlegung, wann qualitätsgesicherte Anforderungen bereitgestellt werden können) und
- automatisierte Tests (zur dauerhaften Bereitstellung von qualitätsgesicherten Anforderungen),

mit denen dieser Anspruch erfüllt werden kann.

6.5.1 Abnahmekriterien

Abnahmekriterien nutzen die Eigenschaft *Testable* einer Anforderung (siehe Abschnitt 5.2) als Kriterium zur Entscheidung darüber, wann die Qualitätssicherung der Anforderung abgeschlossen ist und für den Auftraggeber bereitgestellt werden kann[3]. In Abnahmekriterien ist formuliert, wie der Geschäftswert einer Anforderung für den Auftraggeber validiert und seine Transformation durch die Entwicklung in die Anwendung verifiziert werden kann. Diese Formulierung kann Teil der Formulierung einer User Story (siehe Abschnitt 6.3.1) sein.

---

[3] Der Abschluss der Qualitätssicherung einer Anforderung kann, muss aber nicht, damit zusammenfallen, dass die Anforderung das Ende der Wertschöpfungskette erreicht hat. Sofern dies nicht der Fall ist, wird neben einem Entscheidungskriterium für den Abschluss der Qualitätssicherung einer Anforderung auch ein Entscheidungskriterium für den Abschluss der Wertschöpfungskette für eine Anforderung benötigt.

Zunächst haben wir keine Abnahmekriterien für User
Stories formuliert. Uns fiel jedoch auf, dass die Personen in den Rollen von Requirements Engineering
und Qualitätssicherung oft unterschiedliche Vorstel-
lungen davon hatten, wann die Qualitätssicherung
einer Anforderung abgeschlossen war. Darauf hin hat
die Person in der Rolle des Requirements Engineering
die Formulierung von Abnahmekriterien für User Stories übernommen. Teil dieser Formulierung waren
Testdaten zusammen mit erwarteten Testergebnissen.

Der Auftraggeber kann sich entscheiden, ob er Abnahmekriterien selber formuliert, sich auf die Kontrolle von Abnahmekriterien beschränkt (die der Auftragnehmer formuliert hat) oder weder die Formulierung noch die Kontrolle
von Abnahmekriterien vornimmt. Je nach Entscheidung
variiert sein Risiko, den Geschäftswert von Anforderungen
nicht in voller Höhe vom Auftragnehmer zu erhalten. Sofern
er weder die Formulierung noch die Kontrolle von Abnahmekriterien vornimmt, besteht das Risiko, dass die Qualitätssicherung den Geschäftswert von Anforderungen subjektiv aus Sicht des Auftragnehmers validiert und verifiziert
und nicht objektiv aus Sicht des Auftraggebers.

Mit der Technik *Abnahmekriterien* haben wir das Element

- *Transparente Information* (definierte Kriterien für den
  Abschluss der Qualitätssicherung einer Anforderung
  waren öffentlich)

und damit die dahinter liegenden Werte

- *Eliminate Waste*
- *Amplify Learning*
- *Decide as Late as Possible*
- *Deliver as Fast as Possible*
- *Empower the Team*
- *Build Integrity in*

von Kanban realisiert.

6.5.2 Testautomatisierung

Tests spiegeln die Abnahmekriterien zur Qualitätssicherung von User Stories wider. Als Testautomatisierung wird die Möglichkeit bezeichnet, diese Tests automatisiert auszuführen und damit automatisiert sowohl den Geschäftswert von Anforderungen für den Auftraggeber zu validieren als auch ihre Transformation durch die Entwicklung in die Anwendung zu verifizieren.

Testautomatisierung ermöglicht diese Validierung und Verifikation regelmäßig und in hoher Frequenz. Damit unterstützt Testautomatisierung die Entwicklung einer Anforderung in kleinen Schritten. Durch eine regelmäßige Ausführung von automatisierten Tests in hoher Frequenz wird sichergestellt, dass jeder Schritt bei der Entwicklung einer Anforderung mit dem Entwicklungsstand aller anderen Anforderungen vereinbar ist (siehe Abschnitt 5.3). Für die regelmäßige Ausführung von automatisierten Tests bietet sich eine Kombination mit der Technik *Continuous Integration* an (siehe Abschnitt 6.4.2).

Wir haben alle Tests, die wir zur Qualitätssicherung der Anwendungen erstellt haben, automatisiert. Dies war nur durch Unterstützung der Qualitätssicherung durch die Entwicklung möglich. Daher haben wir auch für die Qualitätssicherung Techniken für die Entwicklung, wie etwa eine entsprechend angepasste Form von Code Reviews (siehe Abschnitt 6.4.1), eingesetzt.

Alle automatisierten Tests haben wir manuell ausgeführt. Die automatisierte Ausführung unter Verwendung von Continuous Integration war geplant.

Mit der Technik *Testautomatisierung* haben wir das Element

- *Pull* (Tests für qualitätsgesicherte Anforderungen wurden zur regelmäßigen automatisierten Ausführung bereitgestellt)

und damit die dahinter liegenden Werte

- *Eliminate Waste*
- *Amplify Learning*
- *Decide as Late as Possible*
- *Deliver as Fast as Possible*
- *Empower the Team*

von Kanban realisiert.

6.6 Techniken für das Projektmanagement

An Personen in der Rolle des Projektmanagements besteht der Anspruch, Kanban übergreifend über alle Phasen der Wertschöpfungskette im Sinne seiner vier charakterisierenden Elemente zu pflegen. Darüber hinaus prüft das Projektmanagement, ob diese Pflege den erwünschten Effekt hat – die Lieferung von möglichst hohen Geschäftswerten für den Auftraggeber durch einen möglichst gleichmäßigen Anforderungsfluss mit möglichst wenig Ballast.

Die Lieferung von möglichst hohen Geschäftswerten für den Auftraggeber ist durch die Priorisierung von Anforderungen durch den Auftraggeber garantiert (siehe Abschnitt 5.2). Die Prüfung auf einen möglichst gleichmäßigen Anforderungsfluss mit möglichst wenig Ballast erfolgt durch ständige Kontrolle von Messgrößen wie *Work in Progress*, Durchlaufzeit und *Average Completion Rate* (siehe Abschnitt 3.3) entlang der Phasen der Wertschöpfungskette. Diese Messungen berücksichtigen nur die Phasen der Wertschöpfungskette, die im Einflussbereich des Auftragnehmers liegen. Aus Sicht des Auftraggebers kann die Wertschöpfungskette weitere Phasen beinhalten; diese werden für Messungen jedoch nicht berücksichtigt. In allen Phasen der Wertschöpfungskette wird in den gleichen Einheiten gemessen.

Wir haben die Messgrößen *Work in Progress*, Durchlaufzeit und *Average Completion Rate* unter anderem zur Releaseplanung genutzt. Die folgenden beiden Szenarien haben wir dadurch abgedeckt.

- Für ein Release gab es einen festen Termin. Mit der Kenntnis unserer *Average Completion Rate* haben wir daraus den voraussichtlichen Releaseinhalt abgeleitet.

- Für ein Release gab es einen festen Inhalt. Mit der Kenntnis unseres *Work in Progress* und unserer Durchlaufzeit haben wir daraus den voraussichtlichen Releasetermin abgeleitet.

  Zur Vorbereitung auf jedes Release waren jeweils einmalige, abschließende Arbeiten notwendig. Diese Arbeiten haben wir für jedes Release als eine eigene Anforderung für den Releaseabschluss formuliert.

Bei einer Releaseplanung[4] auf einen festen Termin hin steht die Messgröße *Average Completion Rate* im Vordergrund. Dieses Szenario wird in Abschnitt 6.6.1 beschrieben. Bei einer Releaseplanung auf einen festen Inhalt hin stehen die Messgrößen *Work in Progress* und Durchlaufzeit im Vordergrund. Dieses Szenario wird in Abschnitt 6.6.2 beschrieben.

6.6.1 Entwicklungsgeschwindigkeit

Die Entwicklungsgeschwindigkeit misst den geschätzten Aufwand von abgeschlossenen Anforderungen innerhalb eines bestimmten Zeitintervalls. Sie ist damit ein Maß für die *Average Completion Rate*.

---

[4] Die Bezeichnung *Releaseplanung* steht hier für die Planung von Anforderungen auf das Erreichen der letzten Phase der Wertschöpfungskette hin. Dies muss nicht gleichbedeutend sein mit einem Release.

Eine Anforderung gilt bei dieser Messung als abgeschlossen, sobald sie das Ende der Wertschöpfungskette des Auftragnehmers erreicht hat. Der geschätzte Aufwand von Anforderungen entspricht dem Aufwand, den das Team etwa durch die Technik *Planungspoker* (siehe Abschnitt 6.3.2) geschätzt hat. Das Zeitintervall für die Messung kann dabei beliebig, etwa als Tag oder Woche, festgelegt werden. Es sollte jedoch klein genug gewählt werden.

Wir haben die Entwicklungsgeschwindigkeit pro Woche gemessen. Abbildung 6.4 zeigt den Durchschnitt dieser wöchentlichen Messungen pro Release. Die durchschnittliche Entwicklungsgeschwindigkeit pro Release schwankt zwischen ungefähr 6 und 16 der Schätzeinheiten, die wir auch im Planungspoker verwendet haben. Im langsamsten Fall (Release R-05) haben pro Woche durchschnittlich Anforderungen mit Gesamtaufwand 6, im schnellsten Fall (Release R-12) haben pro Woche durchschnittlich Anforderungen mit Gesamtaufwand 16 das Ende der Wertschöpfungskette erreicht.

Die Entwicklungsgeschwindigkeit eines Teams hängt von vielen Faktoren ab. Einer dieser Faktoren ist die Verfügbarkeit der Personen im Team, die etwa durch Urlaubs- oder Fortbildungszeiten variiert. Um eine bezüglich der Personenverfügbarkeit normierte Entwicklungsgeschwindigkeit zu ermitteln, muss die Verfügbarkeit aller Personen im Team gemessen werden. Die Verfügbarkeit kann im Gegensatz zu anderen Faktoren (wie etwa der Tagesform einer

Person) objektiv gemessen werden. Die Festlegung von 100% Verfügbarkeit für eine Person kann dabei beliebig, etwa als eine Projektarbeit an 4 oder 5 Arbeitstagen in einer Woche, getroffen werden. Sie sollte jedoch plausibel sein.

Unsere bezüglich der Personenverfügbarkeit normierte durchschnittliche Entwicklungsgeschwindigkeit pro Release in Abbildung 6.4 schwankt zwischen ungefähr 2 und 4 der Schätzeinheiten, die wir auch im Planungspoker verwendet haben. Im ineffizientesten Fall (Release R-07) hat jede Person in unserem Team pro Woche durchschnittlich Anforderungen mit Gesamtaufwand 2, im effizientesten Fall (Release R-05) pro Woche durchschnittlich Anforderungen mit Gesamtaufwand 4, abgeschlossen.

Aus den Messungen der Entwicklungsgeschwindigkeit und der Personenverfügbarkeit lässt sich eine Prognose der Entwicklungsgeschwindigkeit für ein Release abgeleiten.

Abbildung 6.4 zeigt neben der gemessenen durchschnittlichen Entwicklungsgeschwindigkeit auch unsere jeweils prognostizierte durchschnittliche Entwicklungsgeschwindigkeit pro Release. Diese schwankt zwischen ungefähr 5 (Release R-05) und 17 (Release R-07) der Schätzeinheiten, die wir auch im Planungspoker verwendet haben.

Bei zwei Messpunkten (Release R-07 und Release R-09) zeigen sich deutliche Abweichungen zwischen Messung und Prognose. An diesen beiden Messpunkten liegen auch die beiden kleinsten gemessenen Werte für die normierte durchschnittliche Entwicklungsgeschwindigkeit. Hinter beiden Abweichungen verbergen sich unerwartete Ereignisse in unserem Projekt.

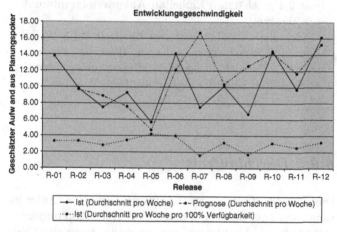

Abb. 6.4 Die gemessene durchschnittliche Entwicklungsgeschwindigkeit, die bezüglich der Personenverfügbarkeit normierte durchschnittliche Entwicklungsgeschwindigkeit und die prognostizierte Entwicklungsgeschwindigkeit pro Release. Die Messungen umfassen den Zeitraum Anfang August 2009 bis Ende November 2010, beginnen also vor dem Einsatz von Kanban in unserem Softwareentwicklungsprojekt.

Die Entwicklungsgeschwindigkeit als Maß für die *Average Completion Rate* hängt gemäß *Little's Law* (siehe Formel 3.1) von der Durchlaufzeit ab und steigt (bei konstantem *Work in Progress*), wenn die Durchlaufzeit abnimmt.

Bei einer Durchlaufzeit von 10 Werktagen und einem *Work in Progress* von 24 geschätzten Einheiten Anforderungsaufwand ergibt sich nach *Little's Law* (siehe Formel 3.1) eine Entwicklungsgeschwindigkeit von 2,4 geschätzten Einheiten Anforderungsaufwand pro Werktag.

Bei einer Abnahme der Durchlaufzeit auf 8 Werktage und einem unveränderten *Work in Progress* steigt die Entwicklungsgeschwindigkeit auf 3 geschätzte Einheiten Anforderungsaufwand pro Werktag.

6.6.2 Durchlaufzeit

Die Durchlaufzeit misst die Dauer, die eine Anforderung benötigt, um alle Phasen der Wertschöpfungskette vollständig zu durchlaufen. Sie entspricht damit der *Cycle Time* für eine Anforderung.

Zur Darstellung von Durchlaufzeiten hat sich ein *Cumulative Flow Diagram* etabliert. Es zeigt die kumulierte Anzahl von Anforderungen pro Phase der Wertschöpfungskette im zeitlichen Verlauf. Aus dieser Darstellung lassen sich sowohl die Durchlaufzeit als auch der *Work in Progress* ablesen.

Abbildung 6.5 zeigt ein *Cumulative Flow Diagram* für unsere Anforderungen. Pro Kalenderwoche zeigt es jeweils kumuliert sowohl die Anzahl von nicht abgeschlossenen als auch von abgeschlossenen Anforderungen. Eine Anforderung gilt dabei als nicht abgeschlossen, wenn sie sich in einer Phase der Wertschöpfungskette befindet und als abgeschlossen, wenn sie alle Phasen der Wertschöpfungskette durchlaufen hat. (Eine detailliertere Darstellung, die die kumulierte Anzahl pro einzelner Phase der Wertschöpfungskette zeigt, wäre ebenso möglich.) Der Abstand der beiden Kurven zeigt nun sowohl die Durchlaufzeit (horizontaler Abstand) als auch den *Work in Progress* (vertikaler Abstand).

Aus den Steigungen und vertikalen Abständen der Kurven in einem *Cumulative Flow Diagram* lassen sich Rückschlüsse sowohl auf die Geschwindigkeit als auch auf die Gleichmäßigkeit ziehen, mit der Anforderungen die Wertschöpfungskette durchlaufen. Unregelmäßigkeiten im Anforderungsfluss werden dadurch sichtbar. Dabei liegt der Aussagekraft eines *Cumulative Flow Diagram* die Annahme zugrunde, dass alle Anforderungen einen konstant vergleichbaren geschätzten Aufwand erfordern. Sofern dies nicht der Fall ist, Anforderungen also in ihrem Aufwand stark schwanken, ist eine Normierung notwendig.

Abbildung 6.6 zeigt eine alternative Darstellung von Durchlaufzeiten für unsere Anforderungen (den *Work*

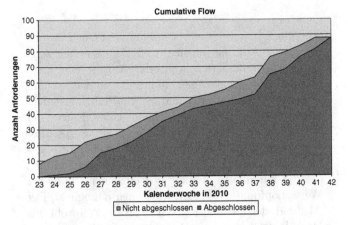

Abb. 6.5 Ein *Cumulative Flow Diagram*, beschränkt auf die kumulierte Anzahl von nicht abgeschlossenen und abgeschlossenen Anforderungen. Der Abstand der beiden Kurven in horizontaler Richtung zeigt die Durchlaufzeit (grob im Bereich von zwei Wochen), der Abstand der beiden Kurven in vertikaler Richtung zeigt den *Work in Progress* (grob im Bereich von 10 Anforderungen) im zeitlichen Verlauf.

in Progress zeigt diese Abbildung nicht). Dargestellt sind der durchschnittliche von uns geschätzte Anforderungsaufwand (schwankend zwischen ungefähr 2 und 2,5 Werktagen), die durchschnittliche Durchlaufzeit einer Anforderung normiert auf den geschätzten Anforderungsaufwand (ungefähr 4 Werktage für einen geschätzten Anforderungsaufwand von einem Tag) und die als Produkt daraus resultierende durchschnittliche Durchlaufzeit einer Anforderung (schwankend zwischen ungefähr 9 und 11 Werktagen). Der Durchschnitt ist jeweils über alle Anforderungen für ein Release gebildet.

Unser Team war also in der Lage, eine Anforderung durchschnittlich innerhalb von zwei Wochen über alle Phasen der Wertschöpfungskette hinweg zu bearbeiten.

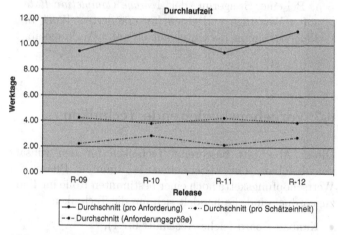

Abb. 6.6 Der durchschnittliche geschätzte Anforderungsaufwand, die durchschnittliche Durchlaufzeit normiert auf den Anforderungsaufwand und die als Produkt daraus resultierende durchschnittliche Durchlaufzeit einer Anforderung. Der Durchschnitt ist jeweils über alle Anforderungen für ein Release gebildet.

Die Durchlaufzeit hängt gemäß *Little's Law* (siehe Formel 3.1) von der *Average Completion Rate* ab und nimmt (bei konstantem *Work in Progress*) ab, wenn die *Average Completion Rate* steigt.

Bei einer *Average Completion Rate* von 2,4 geschätzten Einheiten Anforderungsaufwand pro Werktag und einem *Work in Progress* von 24 geschätzten Einheiten Anforderungsaufwand ergibt sich nach *Little's Law* (siehe Formel 3.1) eine Durchlaufzeit von 10 Werktagen.

Bei einer Steigerung der *Average Completion Rate* auf 3 Werktage und einem unveränderten *Work in Progress* nimmt die Durchlaufzeit auf 8 Werktage ab.

6.7 Vorgehensbegleitende Techniken

Dieser Abschnitt beschreibt Techniken für den Einsatz von Kanban, die weder einer bestimmten Phase der Wertschöpfungskette noch einer bestimmten Rolle im Team zugeordnet sind. Es handelt sich um die Techniken

- Kanban-Board (siehe Abschnitt 6.7.1),
- Stand-Ups (siehe Abschnitt 6.7.2) und
- Retrospektiven (siehe Abschnitt 6.7.3),

die von allen Personen in einem Team jederzeit genutzt werden.

6.7.1 Kanban-Board

Ein Kanban-Board visualisiert die Phasen einer Wertschöpfungskette, die limitierten Mengen für jede Phase und die Anforderungen, die sich in jeder Phase befinden. Es ist eine zentrale Technik von Kanban, die sich in verschiedensten Projekten in verschiedensten Varianten finden lässt. Sie ist die einzige in diesem Buch beschriebene Technik, die die charakterisierenden Elemente *Pull*, *Limitierte Mengen* und *Transparente Information* gleichzeitig realisiert (siehe Tabelle 6.1).

Zur Repräsentation und Visualisierung von Anforderungen auf einem Kanban-Board werden Signalkarten verwendet. Auf jeder Signalkarte sind die für das Team wichtigsten Informationen zu der Anforderung vermerkt. Dazu kann etwa die Kategorie der Anforderung (siehe Abschnitt 5.2) gehören.

Abbildung 6.7 zeigt ein Beispiel für eine Signalkarte, wie wir sie verwendet haben. Auf ihr sind die folgenden Informationen vermerkt.

- Die Anwendungen, auf die sich die Anforderung bezieht.
- Die eindeutige ID der Anforderung.
- Die Kurzbeschreibung der Anforderung.
- Einen Hinweis darauf, ob die Anforderung releasebezogen oder nicht releasebezogen ist. (Eine releasebezogene Anforderung ist eine Anforderung, deren Geschäftswert wir dem Auftraggeber erst

durch ein Release zur Verfügung stellen konnten.
Eine nicht releasebezogene Anforderung ist eine
Anforderung, deren Geschäftswert wir dem Auftraggeber auch ohne ein Release zur Verfügung
stellen konnten.) Diese Information bildete, ebenso
wie die Kategorien aus Abschnitt 6.3.1, eine
Kategorie für unsere Anforderungen. Für eine
releasebezogene Anforderung waren ID und Kurzbeschreibung weiß, für eine nicht releasebezogene
Anforderung waren ID und Kurzbeschreibung grau
hinterlegt.

- Beachtenswerte Hinweise zu der Anforderung.
- Der von uns geschätzte Aufwand für Entwicklung
  und Qualitätssicherung der Anforderung.
- Das Datum, an dem die Anforderung in die
  Wertschöpfungskette eingetreten ist.
- Das Datum, an dem die Anforderung die
  Wertschöpfungskette vollständig durchlaufen hat.
- Die Personen, die an der Bearbeitung der Anforde-
  rung beteiligt waren oder sind, jeweils zusammen
  mit dem dabei angefallenen Aufwand.

Damit spiegelt eine Signalkarte die meisten der
Spalten wider, die wir auch im Backlog für Anforderungen verwendet haben (siehe Abschnitt 6.3) und
enthält außerdem Informationen, die wir nicht im
Backlog erfasst haben. Das *Cumulative Flow Diagram*
in Abbildung 6.5 basiert auf den beiden Datumsanga-
ben.

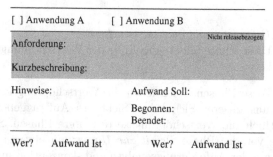

Abb. 6.7 Ein Beispiel für eine Signalkarte, die eine Anforderung repräsentiert und visualisiert. Auf ihr sind die für das Team wichtigsten Informationen zu der Anforderung vermerkt.

Als Repräsentant einer Anforderung durchläuft nun jede Signalkarte alle Phasen der Wertschöpfungskette des Auftragnehmers. Die Wertschöpfungskette kann dabei einen oder mehrere Puffer für Anforderungen enthalten, um Schwankungen im Anforderungsfluss auszugleichen.

Wir haben eine Wertschöpfungskette mit den folgenden Phasen verwendet.

1. *Bereit zur Umsetzung*
   Diese Phase bildete den Beginn der Wertschöpfungskette, gleichzeitig diente sie als Puffer von Anforderungen.
2. *Wird umgesetzt*
3. *Bereit zur Qualitätssicherung*
   Diese Phase diente als Puffer von Anforderungen.
4. *Wird qualitätsgesichert*

5. *Umgesetzt und qualitätsgesichert*
Diese Phase bildete das Ende der Wertschöpfungskette.

Diese Phasen beschrieben die Wertschöpfungskette aus unserer Sicht. Aus Sicht des Auftraggebers
enthielt die Wertschöpfungskette weitere Phasen. So
lag vor der Phase *Bereit zur Umsetzung* etwa eine
Phase der Anforderungsanalyse und -konzeption und
hinter der Phase *Umgesetzt und qualitätsgesichert*
eine Phase der Auslieferung von Anforderungen. Wir
haben jedoch nur die Phasen der Wertschöpfungskette erfasst, die vollständig in unserem Einflussbereich
lagen.

Auf jede Phase der Wertschöpfungskette wird nun das
Element *Limitierte Mengen* angewendet. Damit ist die
Menge der Signalkarten (Anforderungen), die sich gleich-
zeitig in einer Phase der Wertschöpfungskette befinden
dürfen, limitiert (diese Limitierung gilt auch für Puffer).
Die Limitierung kann pro Phase vorgegeben sein, möglich
ist aber auch eine Limitierung, die übergreifend für mehrere
Phasen der Wertschöpfungskette hinweg Gültigkeit hat.
Für die Reaktion auf eine drohende Überschreitung einer
Limitierung gibt es zwei Möglichkeiten (siehe auch die Bei-
spiele in Abschnitt 3.2).

- Die Überschreitung der Limitierung ist nicht erlaubt.
  Dies führt dazu, dass sich mindestens eine Signalkarte nicht in der richtigen Phase der Wertschöpfungskette befindet. Der entstehende Rückstau von Signalkarten
  provoziert jedoch eine frühe Reaktion des Teams.

- Die Überschreitung der Limitierung ist erlaubt. Dies führt dazu, dass sich jede Signalkarte stets in der richtigen Phase der Wertschöpfungskette befindet. Es entsteht jedoch kein Rückstau von Signalkarten, der eine frühe Reaktion des Teams provoziert.

Wir haben die folgende Limitierung pro Phase unserer Wertschöpfungskette verwendet.

- In der Phase *Bereit zur Umsetzung* waren maximal vier Signalkarten gleichzeitig erlaubt.
- In den Phasen *Wird umgesetzt* und *Bereit zur Qualitätssicherung* waren übergreifend insgesamt maximal vier Signalkarten gleichzeitig erlaubt.
- In der Phase *Wird qualitätsgesichert* waren maximal drei Signalkarten gleichzeitig erlaubt.
- In der Phase *Umgesetzt und qualitätsgesichert* waren beliebig viele Signalkarten erlaubt.

Diese Limitierung haben wir immer wieder angepasst, um einen möglichst gleichmäßigen Anforderungsfluss zu erreichen. Eine Überschreitung der Limitierung haben wir zu Beginn, später jedoch nicht mehr erlaubt.

Anforderungen, Wertschöpfungskette und limitierte Mengen visualisiert ein Kanban-Board in seiner einfachsten Form nun durch aufeinanderfolgende Spalten, von denen jede eine Phase der Wertschöpfungskette repräsentiert und mit einer Limitierung versehen ist. Diese Visualisierung sollte für alle Personen des Teams gut sichtbar sein und daher etwa eine Metaplanwand oder ein Whiteboard nutzen, auf denen Signalkarten leicht angebracht, bewegt und abgenommen werden können. Ein Kanban-Board kann zusätzlich weitere Informationen wie etwa die gemessene Entwicklungsgeschwindigkeit oder Durchlaufzeit zeigen.

Abbildung 6.8 zeigt unser Kanban-Board (die Signalkarten darauf sind für dieses Beispiel nicht ausgefüllt). Jede Phase unserer Wertschöpfungskette ist zusammen mit ihrer Limitierung erkennbar. Die Spalte der ersten Phase (*Bereit zur Umsetzung*) enthält zusätzlich ein Signal (*„Termin Planungspoker?"*), das auf die Notwendigkeit von Planungspoker aufmerksam macht, sobald eine Mindestmenge von drei Signalkarten in dieser Spalte unterschritten wird. Auf diese Weise haben wir den Nachschub von Signalkarten an der konkreten Nachfrage ausgerichtet.

Zusätzlich enthält unser Kanban-Board stets aktuelle Diagramme für Entwicklungsgeschwindigkeit und Durchlaufzeit sowie ein *Cumulative Flow Diagram*.

Abbildung 6.9 zeigt ein Beispiel für unser Kanban-Board mit erreichter Limitierung in der vierten Phase (*Wird qualitätsgesichert*), die einen Rückstau von Signalkarten bis zum Beginn der Wertschöpfungskette hin verursacht. In diesem Bereich kann lediglich die Anforderung in der Phase *Wird umgesetzt* noch die Phase *Bereit zur Qualitätssicherung* erreichen. Darüber hinaus kann erst wieder eine Signalkarte innerhalb dieses Bereichs bewegt (der Rückstau also aufgelöst) werden, wenn eine Anforderung die Phase

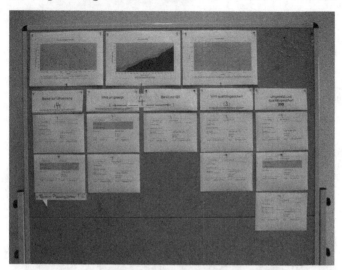

Abb. 6.8 Ein Beispiel für ein Kanban-Board. Die Spalte für die erste Phase der Wertschöpfungskette (*Bereit zur Umsetzung*) enthält ein Signal, das auf die Notwendigkeit von Planungspoker aufmerksam macht, sobald eine Mindestmenge von drei Signalkarten in dieser Spalte unterschritten wird.

Umgesetzt und qualitätsgesichert erreicht. Damit dies geschieht, unterstützen alle durch den Rückstau in ihrer Arbeit blockierten Personen die Person in der Rolle der Qualitätssicherung.

Vermutlich werden sich keine zwei Softwareentwicklungsprojekte mit identischen Kanban-Boards finden. Jedes

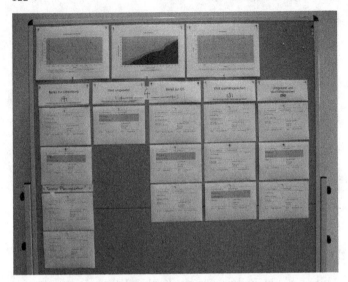

Abb. 6.9 Ein Beispiel für ein Kanban-Board mit erreichter Limitierung in der Phase *Wird qualitätsgesichert*, die einen Rückstau von Signalkarten bis hin zum Beginn der Wertschöpfungskette verursacht.

Kanban-Board ist projektindividuell gestaltet. Eine Variation kann etwa darin bestehen, Kategorien von Anforderungen nicht als Informationen auf Signalkarten, sondern als Zeilen eines Kanban-Boards darzustellen. Für jede Zeile (also Anforderungskategorie) kann dann, genau wie für Spalten, eine Limitierung vorgegeben werden (siehe Abschnitt 5.2). Jede Art von projektindividueller Gestaltung ist zulässig, solange das Kanban-Board mindestens die Phasen der Wertschöpfungskette, die limitierten Mengen für jede Phase und die Anforderungen, die sich in jeder Phase befinden, visualisiert.

Mit der Technik *Kanban-Board* haben wir die Elemente

- *Pull* (Anforderungen wurden zur Bearbeitung bereitgestellt)
- *Limitierte Mengen* (die Anzahl der Anforderungen für jede Phase der Wertschöpfungskette wurde limitiert)
- *Transparente Information* (Informationen über die Wertschöpfungskette und die Anforderungen darin sowie Projektkennzahlen waren öffentlich)

und damit die dahinter liegenden Werte

- *Eliminate Waste*
- *Amplify Learning*
- *Decide as Late as Possible*
- *Deliver as Fast as Possible*
- *Empower the Team*
- *Build Integrity in*

von Kanban realisiert.

6.7.2 Stand-Ups

Ein Stand-Up ist ein Treffen aller Personen eines Teams, das im Stehen durchgeführt wird. Jede Person steht[5] während ihrer Teilnahme, um eine längere Bequemlichkeit bewusst zu erschweren und damit die Konzentration auf kurze relevante Beteiligung zu fördern.

Ein Stand-Up dient einer rollenübergreifenden inhaltlichen Abstimmung. Es dient nicht zur Berichterstattung

---

[5] Ausnahmen aus gesundheitlichen oder körperlichen Gründen sind natürlich erlaubt.

an eine bestimmte Rolle (wie etwa das Projektmanagement). Relevant sind daher alle Beiträge, die für mindestens die Mehrheit aller Personen potentiell relevant sind. Jede Person liefert ihren Beitrag durch Antworten auf die folgenden drei Fragen.

1. Was habe ich seit dem letzten Stand-Up getan?
2. Was werde ich bis zum nächsten Stand-Up tun?
3. Was behindert mich derzeit bei meiner aktuellen Arbeit?

Ein Stand-Up sollte täglich, am stets gleichen Ort und zur stets gleichen Uhrzeit, durchgeführt werden. Seine Dauer sollte auf maximal 15 Minuten begrenzt sein. Damit unterliegt es einer *Timebox*, also einer expliziten zeitlichen Beschränkung. Diskussionen zu Beiträgen, die nicht relevant für die Mehrheit aller Personen des Teams sind, finden im Anschluss an das Stand-Up und eingeschränkt auf den relevanten Personenkreis statt. Diskussionen zu Beiträgen, die relevant für die Mehrheit aller Personen des Teams sind, werden direkt im Stand-Up geführt oder in separate Termine ausgelagert. Dabei können neben inhaltlichen Themen auch organisatorische Themen (wie etwa ein Verdacht auf Ballast in der Wertschöpfungskette) angesprochen werden.

Ein Stand-Up kann ein Auslöser für neue Anforderungen sein.

Wir haben täglich für maximal zehn Minuten ein Stand-Up vor unserem Kanban-Board durchgeführt.

Die Reihenfolge der Beiträge haben wir durch einen kleinen Ball als Redezeichen festgelegt. Die Person, die zuletzt zum Stand-Up erschienen ist, hat diesen Ball als erste bekommen. Nach Beantwortung der drei

Fragen hat sie den Ball einer nächsten Person ihrer Wahl zugeworfen.

Mit der Technik *Stand-Ups* haben wir die Elemente

- *Transparente Information* (Informationen über abgeschlossene sowie erledigte Arbeiten waren öffentlich)
- *Kontinuierliche Verbesserung* (Hinternisse bei der täglichen Arbeit wurden identifiziert und beseitigt)

und damit die dahinter liegenden Werte

- *Eliminate Waste*
- *Amplify Learning*
- *Decide as Late as Possible*
- *Deliver as Fast as Possible*
- *Empower the Team*
- *Build Integrity in*
- *See the Whole*

von Kanban realisiert.

6.7.3 Retrospektiven

Eine Retrospektive ist ein Treffen mindestens aller Personen eines Teams, das der organisatorischen Verbesserung durch Identifikation von Ballast in der Wertschöpfungskette des Auftragnehmers dient. Darüber hinaus können weitere Personen, die indirekt an der Wertschöpfungskette beteiligt sind, an einer Retrospektive teilnehmen (wie etwa der Auftraggeber). Eine Retrospektive sollte regelmäßig (etwa

im Wochen-, Monats- oder Releaserhythmus) durchgeführt
werden und – in Abhängigkeit von diesem Rhythmus – auf
eine Dauer im Stundenbereich beschränkt sein. Eine Retrospektive dient nicht der inhaltlichen Abstimmung.

Esther Derby und Diana Larsen nennen die folgenden
fünf Phasen für den Ablauf einer Retrospektive (siehe [4]).

1. *Set the Stage* – Alle teilnehmenden Personen werden be-
   grüßt und die Spielregeln der Retrospektive werden erklärt (dazu kann etwa die Kontrolle der Maßnahmen aus
   der vorherigen Retrospektive gehören).
2. *Gather Data* – Subjektive Eindrücke und objektive
   Beobachtungen (wie etwa Entwicklungsgeschwindigkeit
   und Durchlaufzeit) seit der letzten Retrospektive werden
   gesammelt.
3. *Generate Insights* – Zusammenhänge und Muster zwischen den gesammelten Eindrücken und Beobachtungen
   werden aufgedeckt.
4. *Decide what to do* – Themen, die Ballast in der
   Wertschöpfungskette des Auftragnehmers beschreiben,
   werden ausgewählt und für jedes ausgewählte Thema
   werden Maßnahmen zur Vermeidung des Ballasts be-
   schlossen.
5. *Close the Retrospective* – Allen teilnehmenden Personen
   wird gedankt und der Verlauf der Retrospektive wird von
   allen teilnehmenden Personen beurteilt.

Jede dieser Phasen kann mittels verschiedener Techniken gestaltet werden. Liegt der Schwerpunkt in der zweiten
Phase (*Gather Data*) deutlich auf der Sammlung von objektiven Beobachtungen anstelle von subjektiven Eindrücken,
so wird eine Retrospektive auch als Operations Review bezeichnet (siehe [1]).

Eine Retrospektive kann ein Auslöser für neue Anforderungen sein.

Wir haben alle zwei Wochen eine Retrospektive mit einer Dauer von einer Stunde durchgeführt.

Mit der Technik *Retrospektiven* haben wir die Elemente

- *Transparente Information* (Informationen über subjektive Eindrücke und objektive Beobachtungen sowie Zusammenhänge und Muster darin waren öffentlich)
- *Kontinuierliche Verbesserung* (Ballast in der Wertschöpfungskette wurde identifiziert und beseitigt)

und damit die dahinter liegenden Werte

- *Eliminate Waste*
- *Amplify Learning*
- *Decide as Late as Possible*
- *Deliver as Fast as Possible*
- *Empower the Team*
- *Build Integrity in*
- *See the Whole*

von Kanban realisiert.

6.8 Techniken im Wandel

Für die Zeit nach Ablauf des Zeitraums, aus dem die Beispiele in diesem Kapitel stammen, waren organisatorische Änderungen für unser Softwareentwicklungsprojekt geplant.

Einige davon stellten eine spürbare Änderung unserer bisherigen Rahmenbedingungen dar. Daher haben wir einige unserer Techniken darauf überprüft, ob sie sich auch unter diesen neuen Rahmenbedingungen weiter für den Einsatz in unserem Softwareentwicklungsprojekt eignen. Diese Überprüfung haben wir gemeinsam im Team und für die Techniken

- *Planungspoker*
- *Entwicklungsgeschwindigkeit* und *Durchlaufzeit* (Messgrößen)
- *Kanban-Board*
- *Retrospektiven*

vorgenommen.

Das Ergebnis der Überprüfung lieferte zusätzlich (und ergänzend zu unseren Stand-Ups und Retrospektiven) ein interessantes Bild über die bisherige Wahrnehmung dieser Techniken durch das Team. Die Einschätzungen, die genannt wurden, sind im Folgenden kurz zusammengefasst.

Planungspoker	bezieht das gesamte Team in die inhaltliche Absprache und Diskussionen über Anforderungen ein.
Messgrößen	sind informativ und können vertrauensaufbauend für externes Marketing (etwa dem Auftraggeber gegenüber) genutzt werden. Als Signal für Störungen in der Wertschöpfungskette dienen sie allerdings nicht, weil sie zu spät wahrgenommen werden. Andere Techniken (wie etwa *Stand-Ups* und *Retrospektiven*) machen früher auf Störungen in der Wertschöpfungskette aufmerksam.

Kanban-Board   liefert eine gute Übersicht darüber, welche Person welche Anforderung in welcher Phase der Wertschöpfungskette bearbeitet. Es unterstützt einen gleichmäßigen Anforderungsfluss.

Retrospektiven   bieten die Möglichkeit zur kontinuierlichen Verbesserung, sowohl für die Zusammenarbeit des Teams als auch für jede einzelne Person im Team.

Zu den Messgrößen *Entwicklungsgeschwindigkeit* und *Durchlaufzeit* gab es, trotz ihrer täglichen Sichtbarkeit an unserem Kanban-Board, eine begründete Distanz. Die anderen Techniken haben ihren Zweck erfüllt.

6.9 Literaturhinweise

Die Arbeit mit User Stories ist ausführlich in [2] beschrieben. Weitere Gedanken zu Planungspoker sind in [3] enthalten.

In [5] sind zahlreiche Techniken von Continuous Integration beschrieben, die die Arbeit für Integration, Build, Deployment selbstverständlich und damit ein Release in einem Softwareentwicklungsprojekt zu einem *non-event* machen.

Die verschiedenen Phasen einer Retrospektive sind in [4] mit jeweils verschiedenen Techniken für verschiedene Rahmenbedingungen aufgeführt. Ein Erfahrungsbericht und Empfehlungen für Operations Reviews ist in [1] enthalten.

Literaturverzeichnis

1. Anderson, D. J.: Kanban – Successful Evolutionary Change for Your Technology Business. Blue Hole Press (2010)
2. Cohn, M.: User Stories Applied. Addison-Wesley (2004)
3. Cohn, M.: Agile Estimating and Planning. Prentice Hall (2006)
4. Derby, E., Larsen, D.: Agile Retrospectives. Pragmatic Bookshelf (2006)
5. Duvall, P. M.: Continuous Integration – Improving Software Quality and Reducing Risk. Addison-Wesley (2007)
6. Fowler, M.: Continuous Integration. (2006) http://www.martinfowler.com/articles/ continuousIntegration.html. Stand 11.03.2011
7. Pichler, R.: Scrum. dpunkt.verlag (2008)

Kapitel 7
Einführung von Kanban

7.1 Einleitung

Dieses abschließende Kapitel enthält Grundgedanken zu der Einführung von Kanban in einem Softwareentwicklungsprojekt. Kanban kann mit geringem Aufwand und hoher Akzeptanz eingeführt werden, die Einführung von Kanban sollte jedoch nicht gedankenlos geschehen. Zwingend an den Start eines Softwareentwicklungsprojekts ist sie nicht gebunden. Sie kann auch in einem laufenden Softwareentwicklungsprojekt erfolgen, dessen Rahmenbedingungen (wie etwa Termine, Budget und Personen) bereits feststehen.

Abschnitt 7.2 nennt die Ziele der Einführung von Kanban. Einige Entscheidungskriterien vor der Einführung formuliert Abschnitt 7.3. Die wenigen Änderungen, die mit der Einführung von Kanban einhergehen, bilden die Basis für eine kontinuierliche, projektindividuelle Weiterentwicklung sowohl des Softwareentwicklungsprojekts als

T. Epping, *Kanban für die Softwareentwicklung*,
Informatik im Fokus, DOI 10.1007/978-3-642-22595-6_7,
© Springer-Verlag Berlin Heidelberg 2011

auch von Kanban. Abschnitt 7.4 beschreibt Kanban als
Change Management.

7.2 Ziele der Einführung

David J. Anderson formuliert die folgenden allgemeinen
Ziele der Einführung von Kanban (siehe [1]). In einem
konkreten Softwareentwicklungsprojekt ist es die Aufgabe
des Projektmanagements, diese Ziele projektindividuell zu
konkretisieren und sie transparent und messbar zu machen.

Ziel 1 – *Optimize Existing Processes* Dies ist das
wichtigste Ziel. Es fordert keine neuen, sondern die Optimierung von bestehenden Arbeitsabläufen für jede Phase
der bestehenden Wertschöpfungskette. Diese Optimierung
erfolgt vor allem durch die Einführung der Elemente *Limitierte Mengen* und *Transparente Information*, die Störungen im Anforderungsfluss sichtbar machen. Das Ziel fordert
nicht die Änderung der Wege, auf denen eine Anforderung
die Wertschöpfungskette durchläuft und nicht die Änderung
der Techniken, mit denen sie auf diesen Wegen bearbeitet
wird. Diese Akzeptanz des *status quo* respektiert die Vergangenheit eines Softwareentwicklungsprojekts und damit
die Arbeit jeder Person, die an ihm beteiligt war. Dadurch
steigt im Team die Akzeptanz gegenüber der Einführung
von Kanban.

> Existing processes will be optimized through introduction
> of visualization and limiting work-in-progress to catalyze
> changes. [...]

Alle weiteren Ziele sind diesem Ziel untergeordnet. Sie
beschreiben den Schritt von der Optimierung des *status quo*

hin zu seiner Änderung, die aus Änderungen der Techniken zur Bearbeitung von Anforderungen, aus Änderungen der Wege von Anforderungen durch die Wertschöpfungskette sowie aus Änderungen der Wertschöpfungskette selber bestehen kann.

Ziel 2 – *Deliver with High Quality* Eine hohe Qualität bildet die Grundlage für Stabilität im Anforderungsfluss, weil sie die Anzahl unerwarteter Störungen (in Form von unerwarteten Fehlern) reduziert.

> Kanban helps us to focus on quality by limiting work-in-progress and allowing us to define policies around what is acceptable before a work item can be pulled to the next step in the process. These policies can include quality criteria. [...]

Ziel 3 – *Improve Lead Time Predictability* Eine geringe Anzahl von unerwarteten Störungen im Anforderungsfluss ist noch kein Garant für eine gut vorhersagbare Durchlaufzeit (die im Zitat genannte *Lead Time* ist eine Verallgemeinerung der Durchlaufzeit). Deren Vorhersagbarkeit stellt sich erst ein, wenn zusätzlich der *Work in Progress* limitiert wird, so dass ein gleichmäßiger Fluss von möglichst wenigen Anforderungen entsteht.

> We know that the amount of WIP is directly related to lead time and that there also is a correlation between lead time and a non-linear growth in defect rates. So it makes sense that we want to keep WIP small. It makes our lives easier if we simply agree to limit it to a fixed quantity. This should make lead times somewhat dependable and help us to keep defect rates low.

Ziel 4 – *Improve Employee Satisfaction* Auch die dauerhaft intrinsische Motivation jeder einzelnen Person in einem Softwareentwicklungsprojekt ist ein Ziel der Einführung von Kanban.

[...] Providing a good work/life balance will make your company a more attractive employer in your local market. It will help to motivate employees and it will give your team members the energy to maintain high levels of performance for months or years. It's a fallacy that you get top performance from knowledge workers when you overload them with work. [...]

Ziel 5 – *Provide Slack to Enable Improvement* Freiraum für jede Person[1] schafft die Möglichkeit, dass sich intrinsische Motivation in kreativer Arbeit entfalten kann.

[...] There must be a bottleneck in your organization. Every value chain has one. The throughput delivered downstream is limited to the throughput of the bottleneck, regardless of how far upstream it might be. Hence, when you balance the input demand against the throughput, you create idle time at every point in your value chain execpt at the bottleneck resource. [...] Slack can be used to improve responsiveness to urgent requests and to provide bandwith to enable process improvement. Without slack, team members cannot take time to reflect upon how they do their work and how they might do it better. Without slack they cannot take time to learn new techniques, or to improve their tooling, or their skills and capabilities. Without slack there is no liquidity in the system to respond to urgent requests or late changes. Without slack there is no tactical agility in the business.

Ziel 6 – *Simplify Prioritization* Die Leistungsfähigkeit eines motivierten Teams, das vorhersagbar gute Ergebnisse erzielt, wird zur Realisierung hoher Geschäftswerte für den Auftraggeber genutzt. Dies erfordert eine einfache Möglich-

---

[1] Den geringsten Freiraum hat die Person, die den aktuellen Flaschenhals der Wertschöpfungskette bildet. Es wird unterstellt, dass eine Person aufgrund kontinuierlicher Verbesserung nicht dauerhaft einen Flaschenhals darstellt.

keit der Entscheidung darüber, welche Anforderungen in welcher Reihenfolge bearbeitet werden sollen.

> Once a team is capable of focusing on quality, limiting WIP, delivering often, and balancing demand against throughput, they will have a reliable, trustworthy, software development capability: an engine for making software! [...] Once this capability is in place, it would behoove the business to make optimal use out of it. To do this requires a prioritization method that maximizes business value and minimizes risk and cost. Ideally, a prioritization scheme that optimizes the performance of the business (or technology department) is most desirable. [...] What is needed is a priorization scheme that delays commitments as long as possible and that asks a simple question that is easy to answer. Kanban provides this by asking the business owners to refill empty slots in the queue while providing them with a reliable lead-time and due-date performance metric.

Ziel 7 – *Provide a Transparency on the System Design and Operation* Rollenübergreifende Transparenz ermöglicht die inhaltliche und organisatorische Zusammenarbeit zwischen Personen in verschiedenen Rollen.

> [...] While transparency onto work requests and performance is all very well, transparency into the process and how it works has a magical effect. It lets everyone involved see the effects of their actions or inactions. As a result, people are more reasonable. They will change their behavior to improve the performance of the whole system. They will collaborate on required changes in policy, personnel, staff resourcing levels, and so forth.

Ziel 8 – *Design a Process to Enable Emergence of a "High-Maturity" Organization* Dieses Ziel bezieht sich nicht mehr auf ein einzelnes Softwareentwicklungsprojekt, sondern gilt projektübergreifend für eine

Organisation, die verschiedene Softwareentwicklungsprojekte durchführt. Die Integrität, die für die Softwareentwicklung in jedem einzelnen Projekt verlangt wird,
soll auch projektübergreifend Einzug in die Organisation
halten. Jedes Softwareentwicklungsprojekt bildet dafür
einen verlässlichen Baustein.

> For most senior business leaders that I speak to, this final
> goal really represents their wishes and expectations for their
> businesses and their technology development organizations.
> They seek predictablitity above all else, coupled with busi-
> ness agility and good governance. [...]

7.3 Voraussetzungen

Kanban kann bei Bedarf mit wenig Aufwand in einem Softwareentwicklungsprojekt eingeführt werden und mittel- bis
langfristig zu Verbesserungen führen. Dennoch stehen vor
der Einführung von Kanban einige grundlegende Gedanken.
Diese zielen weniger auf organisatorische Voraussetzungen
(wie etwa die Teamgröße) ab, denn Kanban akzeptiert
zunächst den *status quo* für ein Softwareentwicklungsprojekt (siehe Abschnitt 7.2). Vielmehr steht die Akzeptanz der
Werte der schlanken Softwareentwicklung (siehe Abschnitt
3.5.2) im Vordergrund, die die Einführung von Kanban in
einem Softwareentwicklungsprojekt etabliert.

Die Entscheidung für und die Entscheidung gegen den
Einsatz von Kanban sind zwei gleichberechtigte Alternati-
ven. Abschnitt 7.3.1 listet notwendige Bedingungen dafür,
Abschnitt 7.3.2 listet hinreichende Bedingungen dagegen
auf.

7.3.1 Notwendige Bedingungen für die Einführung

Dieser Abschnitt listet einige notwendige Bedingungen für die Einführung von Kanban in einem Softwareentwicklungsprojekt auf.

Treffen alle der folgenden Aussagen auf Sie zu? Können sich auch alle weiteren Personen in Ihrem Team mit allen Aussagen identifizieren?

Sofern dies nicht der Fall ist – wie wollen Sie damit umgehen?

Sie erkennen alle Werte der schlanken Softwareentwicklung an.

Eliminate Waste	Sie betrachten es als wertvoll, jede Art von Ballast aus Ihrer Wertschöpfungskette zu entfernen. ☐ Trifft zu
Amplify Learning	Sie betrachten es als wertvoll, Zeit in die Fortbildung jeder Person in Ihrem Team zu investieren. ☐ Trifft zu
Decide as Late as Possible	Sie betrachten es als wertvoll, Entscheidungen in Ihrem Projekt so spät wie möglich zu treffen. ☐ Trifft zu
Deliver as Fast as Possible	Sie betrachten es als wertvoll, die Durchlaufzeit jeder Anforderung so gering wie möglich zu halten. ☐ Trifft zu

Empower the Team	Sie betrachten es als wertvoll, jede Person in Ihrem Team zu selbstorganisierten und eigenverantwortlichen Entscheidungen zu bevollmächtigen. ☐ Trifft zu
Build Integrity in	Sie betrachten es als wertvoll, in Ihrem Projekt nicht nur eine funktionierende, sondern auch eine faszinierende Anwendung für Ihren Auftraggeber zu entwickeln. ☐ Trifft zu
See the Whole	Sie betrachten es als wertvoll, in Ihrem Projekt eine in allen Teilen ausgewogene Anwendung für Ihren Auftraggeber zu entwickeln. ☐ Trifft zu

Sie sind davon überzeugt, dass der Nutzen, den Sie diesen Werten zugestehen, auch der Zielerreichung für Ihr Softwareentwicklungsprojekt nutzt. ☐ Trifft zu

Sie sind davon überzeugt, dass alle Ziele der Einführung von Kanban auch Ziele für Ihr Softwareentwicklungsprojekt sind. ☐ Trifft zu

7.3.2 Hinreichende Bedingungen gegen die Einführung

Dieser Abschnitt listet einige hinreichende Bedingungen gegen die Einführung von Kanban in einem Softwareentwicklungsprojekt auf.

Trifft mindestens eine der folgenden Aussagen auf Sie zu? Gibt es mindestens eine Person in Ihrem Team,

> die sich mit mindestens einer der folgenden Aussagen identifizieren kann?
>
> Sofern dies der Fall ist – wie wollen Sie damit umgehen?

Sie erkennen nicht alle Werte der schlanken Softwareentwicklung an.

Eliminate Waste	Sie betrachten es nicht als wertvoll, jede Art von Ballast aus Ihrer Wertschöpfungskette zu entfernen (etwa weil Sie den eingesparten Aufwand lieber in einen schnelleren Projektfortschritt investieren möchten). ☐ Trifft zu
Amplify Learning	Sie betrachten es nicht als wertvoll, Zeit in die Fortbildung jeder Person in Ihrem Team zu investieren (etwa weil Sie die eingesparte Zeit lieber in einen schnelleren Projektfortschritt investieren möchten). ☐ Trifft zu
Decide as Late as Possible	Sie betrachten es nicht als wertvoll, Entscheidungen in Ihrem Projekt so spät wie möglich zu treffen (etwa weil Sie die daraus resultierende Komplexität vermeiden möchten). ☐ Trifft zu
Deliver as Fast as Possible	Sie betrachten es nicht als wertvoll, die Durchlaufzeit jeder Anforderung so gering wie möglich zu halten (etwa weil Sie die parallele Bearbeitung auch vieler Anforderungen ermöglichen möchten). ☐ Trifft zu

Empower   Sie betrachten es nicht als wertvoll, jede
the Team   Person in Ihrem Team zu selbstorganisierten
und eigenverantwortlichen Entscheidungen zu
bevollmächtigen (etwa weil Sie nicht jeder
Person in Ihrem Team das dafür notwendige
Vertrauen entgegenbringen).   ☐ Trifft zu

Build   Sie betrachten es nicht als wertvoll, in Ihrem
Integrity Projekt nicht nur eine funktionierende, son-
in   dern auch eine faszinierende Anwendung für
Ihren Auftraggeber zu entwickeln (etwa weil
die Interaktion zwischen Anwendung und
Mensch in Ihrem Softwareentwicklungsprojekt keine Rolle spielt).   ☐ Trifft zu

See the   Sie betrachten es nicht als wertvoll, in Ihrem
Whole   Projekt eine in allen Teilen ausgewogene
Anwendung für Ihren Auftraggeber zu entwickeln (etwa weil Sie Ihrem Auftraggeber
gegenüber Ihre Stärken in ausgewählten Be-
reichen demonstrieren möchten).   ☐ Trifft zu

Sie sind nicht davon überzeugt, dass der Nutzen, den
Sie diesen Werten zugestehen, auch der Zielerreichung für
Ihr Softwareentwicklungsprojekt nutzt.   ☐ Trifft zu

Sie sind nicht davon überzeugt, dass alle Ziele der
Einführung von Kanban auch Ziele für Ihr Softwareentwicklungsprojekt sind.   ☐ Trifft zu

7.4 Change Management

Die Einführung von Kanban in einem Softwareentwicklungsprojekt erfolgt durch die Einführung der vier charakterisierenden Elemente von Kanban (siehe Abschnitt 4.2).

- Arbeit wird genommen, nicht gegeben (*Pull*).
- Mengen werden limitiert (*Limitierte Mengen*).
- Informationen werden veröffentlicht (*Transparente Information*).
- Arbeitsabläufe werden kontinuierlich verbessert (*Kontinuierliche Verbesserung*).

Die Einführung dieser vier charakterisierenden Elemente wiederum geschieht durch die Einführung von Techniken, die den Nutzen dieser Elemente realisieren. Abschnitt 7.4.1 nennt mögliche Schritte, in denen dies ablaufen kann. Das wichtigste Ziel der Einführung von Kanban formuliert, dass dies ohne Änderung des *status quo* geschieht (siehe Abschnitt 7.2). Kanban ist daher gut dafür geeignet, mit einem bereits bestehenden Vorgehensmodell kombiniert zu werden.

- Die derzeit bestehenden Rollen im Team werden nicht geändert.
- Die derzeit gelebten Arbeitsabläufe im Team werden nicht geändert.
- Die derzeit formulierten Phasen der Wertschöpfungskette des Teams werden nicht geändert.

Dieser sanfte Einstieg in das Vorgehensmodell Kanban führt zu einer hohen Akzeptanz von Kanban durch ein Team. Dennoch leitet er (insbesondere durch das Element

Kontinuierliche Verbesserung) einen Wandel in einem Softwareentwicklungsprojekt ein. Kanban ist Change Management.

Ein Softwareentwicklungsprojekt, dessen Anforderungen die Eigenschaften INVEST (siehe Abschnitt 5.2) nicht erfüllen, wird diesen Wandel vermutlich schnell spüren.

Erfüllen Anforderungen etwa nicht die Eigenschaften *Independent*, *Small* und *Testable*, so wird sich kein gleichmäßiger und limitierter Fluss von Anforderungen durch die Wertschöpfungskette einstellen und es ist nicht feststellbar, wann Anforderungen das Ende der Wertschöpfungskette erreicht haben.

Dies kann Auswirkungen etwa auf die gemessene Entwicklungsgeschwindigkeit oder Durchlaufzeit haben, die als öffentliche Information zur Verfügung stehen. Retrospektiven oder Operations Reviews bieten dem Team die Gelegenheit, die fehlenden Anforderungseigenschaften sowie die Konsequenzen daraus zu erkennen und seine Arbeitsabläufe (in diesem Fall die Formulierung von Anforderungen) kontinuierlich in Richtung eines formulierten Ziels (etwa einer definierten Entwicklungsgeschwindigkeit oder Durchlaufzeit) zu verbessern.

Abschnitt 7.4.2 illustriert den Schritt von den Zielen der Einführung hin zu den Werten, auf denen Kanban basiert. Abschnitt 7.4.3 enthält eine abschließende Warnung vor Risiken und Nebenwirkungen bei der Einführung von Kanban.

7.4.1 Schritte der Einführung

David J. Anderson schlägt die folgenden Schritte für die Einführung von Kanban vor (siehe [1]). Dieser Vorschlag enthält erste Techniken, die die Elemente von Kanban in einem Softwareentwicklungsprojekt etablieren.

1. Vereinbaren und formulieren Sie mit allen relevanten Stakeholdern die projektindividuellen Ziele der Einführung von Kanban.
2. Identifizieren Sie die Wertschöpfungskette aus Sicht des Auftraggebers.
3. Legen Sie die erste Phase der Wertschöpfungskette im Einflussbereich des Auftragnehmers fest, für die die Messung von Projektkennzahlen erfolgen soll.
4. Legen Sie die letzte Phase der Wertschöpfungskette im Einflussbereich des Auftragnehmers fest, für die die Messung von Projektkennzahlen erfolgen soll.
5. Legen Sie die Kategorien für Anforderungen fest.
6. Analysieren Sie die Nachfrage für jede Anforderungskategorie.
7. Vereinbaren und formulieren Sie mit allen relevanten Stakeholdern die projektindividuellen Regeln für den Einsatz von Kanban.
8. Visualisieren Sie auf einem Kanban-Board, etwa einer Metaplanwand oder einem Whiteboard, die Wertschöpfungskette aus der Sicht des Auftragnehmers.
9. Entscheiden Sie, ob diese Visualisierung unterstützt durch elektronische Werkzeuge erfolgen muss.
10. Führen Sie ein tägliches Stand-Up vor dem Kanban-Board ein.
11. Führen Sie ein regelmäßiges Operations Review ein.

12. Erklären Sie dem gesamten Team die neu eingeführten
Techniken und die vier charakterisierenden Elemente
von Kanban.

7.4.2 Von Techniken zu Werten

So, wie bei der Einführung von Kanban Techniken die vier
charakteristischen Elemente von Kanban in einem Softwareentwicklungsprojekt etablieren, so etablieren im Laufe
der Zeit diese Elemente die Werte der schlanken Softwareentwicklung, auf denen Kanban basiert.

Die Zielformulierungen in Abschnitt 7.2 leiten diesen
Vorgang ein. Sie machen ihn objektiv beobachtbar und
seinen Fortschritt messbar. Tabelle 7.1 zeigt, welches Ziel

Tabelle 7.1 Die Ziele der Einführung von Kanban und die dadurch etablierten Werte

Ziel der Einführung	Etablierter Wert
Optimize Existing Processes	Eliminate Waste
Deliver with High Quality	Eliminate Waste
Improve Lead Time Predictability	Decide as Late as Possible
	Deliver as Fast as Possible
Improve Employee Satisfaction	Empower the Team
Provide Slack to Enable Improvement	Amplify Learning
Simplify Prioritization	Eliminate Waste
	Decide as Late as Possible
	Deliver as Fast as Possible
Provide a Transparency on the System Design and Operation	See the Whole
Design a Process to Enable Emergence of a "High-Maturity" Organization	Build Integrity in

welche Werte von Kanban in einem Softwareentwicklungsprojekt etabliert.

7.4.3 Risiken und Nebenwirkungen

Die Schritte der Einführung von Kanban in einem Softwareentwicklungsprojekt sind auf eine hohe Akzeptanz durch ein
Team ausgelegt. Trotzdem bergen sie Risiken und Nebenwirkungen.

Kanban wird Probleme in Ihrem Softwareentwicklungsprojekt aufdecken. Prüfen Sie, ob der Einsatz von Kanban Teil eines Problems ist – falls nicht, machen Sie nicht
den Überbringer der Nachricht für Ihr Problem verantwortlich. Kanban dient nicht der einfachen Lösung, sondern der frühen Signalisierung von Problemen. Nutzen Sie
diese Transparenz, um gemeinsam im Team Probleme zu
erkennen, Lösungen zu formulieren und die Wirksamkeit
Ihrer Problemlösungen zu beurteilen.

Verbessern Sie sich und Ihr Softwareentwicklungsprojekt
kontinuierlich. Nicht nur die Arbeit mit, sondern auch die
Arbeit an Kanban endet erst, wenn Ihr Softwareentwicklungsprojekt endet!

7.5 Literaturhinweise

In [1] beschreibt David J. Anderson Kanban als ein Ergebnis seiner Suche nach einem erfolgreichem Change Management. Unabhängig von einem Vorgehensmodell listet [2]
eine Vielzahl von Techniken, mit denen Veränderungen ein-
geleitet werden können.

Literaturverzeichnis

1. Anderson, D. J.: Kanban – Successful Evolutionary Change for Your Technology Business. Blue Hole Press (2010)
2. Manns, M. L., Rising, L.: Fearless Change – Patterns for introducing new ideas. Addison-Wesley (2005)

Glossar

Abnahmekriterium Ein Abnahmekriterium formuliert, wie der Geschäftswert einer Anforderung validiert und seine Transformation durch die Entwicklung in eine Anwendung verifiziert werden kann.

Agile Softwareentwicklung Als agile Softwareentwicklung wird jede Softwareentwicklung bezeichnet, die ein Vorgehensmodell benutzt, dessen Elemente auf den Werten des agilen Manifests beruhen.

Anforderung Eine Anforderung repräsentiert den Geschäftswert von Arbeit für einen Auftraggeber. Jede Anforderung sollte die Kriterien INVEST (*Independent, Negotiable, Valuable, Estimable, Small* und *Testable*) erfüllen.

Average Completion Rate Die *Average Completion Rate* bezeichnet die (durchschnittliche) Anzahl von Anforderungen, die innerhalb eines festen Zeitraums das Ende einer Wertschöpfungskette erreichen.

T. Epping, *Kanban für die Softwareentwicklung*,
Informatik im Fokus, DOI 10.1007/978-3-642-22595-6,
© Springer-Verlag Berlin Heidelberg 2011

Backlog Ein Backlog ist eine priorisierte Anforderungsliste.

Ballast Als Ballast wird alles bezeichnet, was einen
gleichmäßigen Arbeitsfortschritt auf der Seite eines Auftragnehmers behindert (verlangsamt oder sogar verhindert)
und damit den Geschäftswert von Arbeit für einen Auftraggeber schmälert. Die sieben Arten von Ballast in der
Softwareentwicklung sind *Partially Done Work*, *Extra Processes*, *Extra Features*, *Task Switching*, *Waiting*, *Motion*
und *Defects*.

Code Review Ein Code Review ist eine Gelegenheit
zum Informationsaustausch und zur Diskussion über die
technischen Lösungen, mit denen Anforderungen entwickelt
wurden.

Continuous Integration Als Continuous Integration
wird die kontinuierliche zentrale Bereitstellung von entwickelten Anforderungen bezeichnet, die mit einer automatisierten Qualitätssicherung und Bereitstellung einer
Anwendung verbunden ist.

Cumulative Flow Diagram Ein *Cumulative Flow Diagram* zeigt die kumulierte Anzahl von Anforderungen pro
Phase einer Wertschöpfungskette im zeitlichen Verlauf. Es
stellt sowohl die *Cycle Time* als auch den *Work in Progress*
dar.

Cycle Time Siehe *Durchlaufzeit*.

Durchlaufzeit Die Durchlaufzeit misst die Dauer,
die eine Anforderung benötigt, um alle Phasen einer
Wertschöpfungskette vollständig zu durchlaufen.

Element Ein Element ist ein allgemeines Vorgehen, das durch einen abstrakten Wert motiviert ist und den Nutzen des Werts realisieren soll.

Entwicklung Die Entwicklung transformiert den Geschaftswert einer Anforderung für einen Auftraggeber in eine Anwendung.

Entwicklungsgeschwindigkeit Die Entwicklungsgeschwindigkeit misst den geschätzten Aufwand von abgeschlossenen Anforderungen innerhalb eines bestimmten Zeitintervalls. Sie ist damit ein Maß für die *Average Completion Rate*.

Flow Ein *Flow* ist ein gleichmäßiger Arbeitsfortschritt auf der Seite eines Auftragnehmers.

Geschäftswert Der Geschäftswert ist der Wert von Arbeit für einen Auftraggeber.

Kanban-Board Ein Kanban-Board visualisiert (mit möglichst einfachen Mitteln) alle Phasen einer Wertschöpfungskette eines Auftragnehmers, die limitierten Mengen für jede Phase und die Anforderungen, die sich in jeder Phase befinden.

Little's Law In *Little's Law* wird der *Work in Progress* als Produkt aus Durchlaufzeit und Entwicklungsgeschwindigkeit bestimmt.

Operations Review Ein Operations Review ist eine Retrospektive, bei der der Schwerpunkt auf der Sammlung von objektiven anstelle von subjektiven Eindrücken liegt.

Planungspoker Der Planungspoker ist eine Technik zur Erklärung, Diskussion und Aufwandsschätzung von Anforderungen.

Projektmanagement Das Projektmanagement ist die Anwendung von Wissen, Fertigkeiten, Werkzeugen und Techniken auf Projektaktivitäten, um Projektanforderungen zu erfüllen.

Puffer Ein Puffer kann Schwankungen im Arbeitsfortschritt ausgleichen. Eine Anforderung, die sich in einem Puffer befindet, wird nicht bearbeitet, sondern wartet auf ihre Bearbeitung in der nächsten Phase einer Wertschöpfungskette.

Qualitätssicherung Die Qualitätssicherung validiert den Geschäftswert einer Anforderung für einen Auftraggeber und verifiziert seine Transformation durch die Entwicklung in eine Anwendung.

Refactoring Ein Refactoring ist eine Umstrukturierung von Code ohne Änderung des Verhaltens einer Anwendung.

Requirements Engineering Das Requirements Engineering umfasst alle Tätigkeiten, die mit der Erhebung, Dokumentation, Prüfung und Verwaltung von Anforderungen verbunden sind.

Retrospektive Eine Retrospektive ist ein Treffen mindestens aller Personen eines Teams, das der organisatorischen Verbesserung durch Identifikation von Ballast in einer Wertschöpfungskette eines Auftragnehmers dient.

Stand-Up Ein Stand-Up ist ein Treffen aller Personen eines Teams, das im Stehen durchgeführt wird. Es dient einer rollenübergreifenden inhaltlichen Abstimmung.

Team Ein Team umfasst alle Personen, die an der Gesamtheit der Phasen einer Wertschöpfungskette eines Auftragnehmers beteiligt sind.

Technik Eine Technik ist eine konkrete Umsetzung eines allgemeinen Elements.

Testautomatisierung Als Testautomatisierung wird die Möglichkeit bezeichnet, automatisiert sowohl den Geschäftswert von Anforderungen für einen Auftraggeber zu validieren als auch ihre Transformation durch die Entwicklung in eine Anwendung zu verifizieren.

User Story Eine User Story ist eine Form der Beschreibung des Geschäftswerts von Arbeit für einen Auftraggeber.

Value Siehe *Geschäftswert*.

Verschwendung Siehe *Ballast*.

Vorgehensmodell Ein Vorgehensmodell ist eine Zusammenstellung von Elementen, die auf einem oder mehreren Werten basieren und von denen jedes durch eine oder mehrere Techniken umgesetzt wird.

Waste Siehe *Ballast*.

Wert Ein Wert ist ein abstraktes Ziel, das mit einem nicht verhandelbaren Nutzen verbunden ist.

Wertschöpfungskette Eine Wertschöpfungskette beschreibt die Abfolge der Phasen, in deren Verlauf ein Auftragnehmer den Geschäftswert von Anforderungen für einen Auftraggeber erzielt.

Work in Progress Der *Work in Progress* bezeichnet die Anzahl der Anforderungen, die zu einem bestimmten Zeitpunkt gleichzeitig in Arbeit sind.

Sachverzeichnis